U0562768

2014 年度湖北省教育厅人文社科研究项目
"跨文化传播学中文化适应研究的价值及问题"
（项目编号：14G010）

文化适应研究的进路

THE APPROACHES TO ACCULTURATION RESEARCH

李加莉　著

社会科学文献出版社
SOCIAL SCIENCES ACADEMIC PRESS (CHINA)

序：文化适应研究的意义

在如今这个全球化时代，对游走于世界各地的人们来说，最令人困惑的问题莫过于文化适应了。于是，在跨文化传播领域，文化适应一直是一个吸引众多学者思考而又难求正解的问题。本书的作者试图厘清文化适应研究的脉络，探寻其中的理论难题并摆脱它的纠缠，从而为人们开辟文化适应的新路径打下基础，从这个意义上讲，这本书首先适应了全球化时代的阅读渴望。

人是一种寻求交往的动物，在人类交往史中，文化适应的问题始终困扰着人。人类学考古上的发现一再向我们解释，不同的生态环境塑造出不同人群行为，进而促成针对特定生态的文化适应。根据19世纪的人类学发现，来自异文化的初民群体对本土文化适应过程是从"海盗型文化适应"（piratical acculturation）过渡到"敌对型文化适应"（inimical acculturation）、"姻亲型文化适应"（marital acculturation），再到高级和文明的"友好型文化适应"（amicable acculturation）。① 初民部落起初只是简单粗暴地

---

① W. J. McGee, "Piratical Acculturation," *American Anthropologist*, Vol. 11, No. 8 (Aug. , 1898), pp. 243 - 249.

文化适应研究的进路

直接模仿对方群体的武器和象征符号，以期掠夺对方的"神力"为自己所用，从而赢得战争，实现工具上的文化适应，进而通过强迫对方群体中的女性嫁给自己部落的男性，完成跨部落婚姻，来传递本群体信仰与文化模式，再逐渐过渡到通过协商与物品贸易，乃至跨文化教育来达成与异文化的友好交往，各取所需。这种带有文化进化论思维的早期文化适应研究往往有一种"理论野心"，不仅力求还原初民群体交往的历史图谱，更试图从低层次文化适应与高层次文化适应的过渡与演进中尝试图解人类跨文化交往的转型历程。

在初民社会中，由于人与人之间的社会交往中介环节相对较少，交往程度相对停留在浅层，交往模式也相对简单，一个外来部落对本土社群中的其他部落之间的文化适应并不复杂。财产与社会地位的竞争导致病态适应的消除，目的在于保存本族人群的种族健全和文化活力。① 但在对不同文化群体进行田野观察的时候，人类学家逐渐意识到，"文化"并非一个固定且一成不变的封闭概念，更很难通过简单的低级到高级的"进化"来诠释。对特定群体的微观观察需要放置在一个联系的、更为广泛的交往层次上进行诠释，一个群体的文化形式如何传播到另一个群体中去，不同的文化群体生活特质与社会结构如何能形成"共同体"，现代资本主义如何渗透到传统社会中去，这些都需要文化适应研究的视角。世界并不是一个"台球桌"，各个文化只会在上面相互碰撞而互不相连，相反，

---

① W. G. Sumner, *Folkways: A Study of the Sociological Importance of Usages, Manners, Customs, Mores, and Morals*, Ginn, 1906.

历史是动态的、相互关联的进程。① 在某些墨西哥村庄里，初民社会与城市阶级之间分野鲜明，两个群体之间交往甚少，唯一能促成他们产生关联的就是从初民过渡到市民的这个过程②，而文化变迁与文化适应并不必然意味着"得到"某些文化特质，同时也意味着一种文化模式的"失去"，在处于变迁的族群里，那些无法适应新的时间与空间要求的文化行为、习俗被无情抛弃了。一旦我们忽略了这一点，过度阐释社会与文化的独特性与分立性，或是过度强调现代社会的绝对优越性，二元对立的刻板成见便不可避免。文化适应研究则持续关注着不同人群的接触与关联、联系与互动，以期获得历史事实的另一种图式。

怀着类似的期待，20 世纪前半叶，以美国大城市中的"他者"为研究对象的文化适应研究，开始关注异文化群体如何同本土社会、文化发生作用与反作用。在 20 世纪初，伴随着大量移民不断涌入美国大城市，来自异文化的陌生人（stranger）、文化旅居者（sojourner）、边缘人群体（marginal man）在美国社会中的生存状况与跨文化交往方式受到持续而广泛的关注。这些研究的一个共同的前提或假设是，异文化群体一定程度上接受或认同了本土文化，而他们对本土文化的反作用力与其文化适应的程度密切相关。对外来文化群体成员而言，是否适应本土文化以及适应程度如何，往往与他们来到新文化环境中的原因和本身的移民倾向有关。从 1850 年到 1920

---

① 参见〔美〕埃里克·沃尔夫《欧洲与没有历史的人民》，赵丙祥等译，上海人民出版社，2006。

② Robert Redfield, "The Folk Society and Culture," *American Journal of Sociology*, Vol. 45, No. 5 (Mar., 1940), pp. 731 – 742.

年，超过 100 万瑞典人选择迁移到诸如明尼苏达、堪萨斯、内布拉斯加以及芝加哥之类的美国大城市，这一时期的瑞典由于灾荒与农业危机，加上政治迫害与宗教纷争，移民美国的人口激增①，这些瑞典移民的主要目的在于寻找更好的工作机会，更好的生活，以及躲避政治与宗教迫害。而今天，却有越来越多的难民从伊拉克、叙利亚来到瑞典，对他们而言，这种选择几乎完全是被动的，在心理上并没有做好适应异文化的准备。于是透过文化适应研究，我们可以看到，出于截然不同的外部环境因素而选择移民的文化群体，接受与适应新国度里的文化环境意愿和程度也不尽相同，前者更倾向于被新文化涵化，以美国人的文化习惯与要求来重新定义和规范自己的行为，努力适应新的社会结构并找到在这个新文化当中自己的位置，很多人甚至完全遗忘了他们的母语，② 从语言和宗教信仰上最先实现对美国文化的适应。但与此同时，他们在一定程度上又保留或改造了自己原来的瑞典文化传统，使之与美国社会不相冲突。

而战争移民，如来自越战的移民，他们更倾向于保留自己原本的文化传统，特别是在最初的阶段，他们当中的很多人由于遭遇突如其来的变故，选择移民往往是迫不得已而为之，对新环境的适应意愿与倾向并不强烈。③ 他们当中的一些人尽管最终留下，

---

① 参见〔瑞典〕安德生《瑞典史》，苏公隽译，商务印书馆，1972。

② Florence Edith Janson, *The Background of Swedish Immigration*, *1840 – 1930*, The University of Chicago Press, 1931, p. 118.

③ Young Yun Kim, *Communication and Cross – cultural Adaptation*: *An Integrative Theory*, Multilingual Matters Ltd. , 1988, p. 5.

但在文化身份认同、宗教信仰上强烈归属于自己原本的文化群体，在这种情况下，移民原有的文化模式与新环境中的文化模式极有可能发生激烈冲突。至于只在异文化当中做短期停留的文化旅居者，他们则更愿意在较为边缘的地带与主文化产生接触，他们可能有着特定的旅居意图，而且这个意图并不需要完全适应新文化就能实现，在这种情况下，他们对主文化的适应程度可能会降到最低，而与自己原属文化群体保持更多的交往。① 对跨文化交往中的群体文化适应程度的研究，一方面揭示出文化交往的复杂面向，另一方面又加深对群体间文化冲突的深层原因的理解，从而更好地理解跨文化策略，以避免冲突或寻找合适的解决方案。

当越来越多的学者，特别是本身拥有丰富跨文化经验的学者加入到移民研究当中时，他们发现，简单的"我"与"他"的群体划分并不足以诠释跨文化交往在个体层面的复杂性，群体中的个体行为可能会受到群体行为规范的指引，但并不能解释行为本身的动因。于是文化心理学者从个体出发，试图找出文化适应程度在个体层面的差异及其原因。从根本意义上讲，跨文化传播过程中的一切误解与冲突首先源于我们失去或弱化了感知文化差异的跨文化敏感。而发展文化差异的积极意义、克服其消极意义，就意味着我们必须进入文化适应（acculturation）的过程，约翰·贝利的文化适应双维度模型②

① Ronald Taft，"Coping with Unfamiliar Cultures," in Neil Warren, ed., *Studies in Cross - cultural Psychology*：*Volume1*，London：Academic Press，pp. 121 - 153.

② J. W. Berry，"Globalization and Acculturation," *International Journal of Intercultural Relations* 32（2008）：328 - 336.

告诉我们，文化适应是一个极不稳定的过程，长期适应也不意味着文化适应的终结，因为文化适应中的个体对自己原来所在群体和现在与之相处的新群体的取向来对文化适应策略进行区分，这种区分包含两个维度：保持传统文化和身份的倾向性，以及和其他文化群体交流的倾向性。而由于主流群体和非主流群体采取的策略可能不尽相同，这个双维度模型展示出全球化的四种可能后果：（1）世界文化的同质化；（2）相互的改变；（3）非主流群体抗拒支配群体的运动；（4）非主流文化被毁灭。类似的跨文化心理学对文化适应研究的价值在于，其试图找到"人"与"社会"，个体心理层面与更高层次的社会文化层面的结合点[1]，当个人被放置于社会生活之中时，其心理层面的文化适应倾向会指导其行为，进而对其人际交往与群体交往发生直接影响。借助"人"这个载体，微观的个体文化适应与宏观的社会文化调适（adjustment）被统合到同一个理论范畴中进行考察，从而揭示出跨文化转型过程中个体所遭遇的"文化休克"（cultural shock）如何转化为社会中不同群体之间的文化调适。[2]

到今天，文化适应研究的视野也更加宽泛，资本在全球范围内的流动，让全球化与本土化之间的磨合成为新的研究兴趣，本土文化如何适应现代化的资本体系？全球资本在迁徙过程中又如何与地方文化相匹配？"球土化（glocalization）"一

---

[1]　J. W. Berry, "Immigration, Acculturation, and Adaptation," *Applied Psychology: An International Review* 46 (1997): 5 – 34.

[2]　C. Ward, "Acculturation", in D. Landis & R. Bhagat, eds., *Handbook of Intercultural Training* (Thousand Oaks, CA: Sage, 1996), pp. 124 – 147.

词的诞生显得适逢其时，它讨论的是本土文化在面对强势的全球资本扩张时，如何吸收其影响，并通过自然地转换使之适应本土文化，区分出与自己文化不同但可以共存的相异之处，从而消解全球化的某些不相容特性，丰富本土社群的文化。① 到这里，文化适应研究已经开始关注本土－全球这个双向的适应。"适应"本身就是一个处于不断变化中的动态过程，很难去定义文化适应研究究竟是什么，它的核心在于关注人—人群—社会之间相互交往的历史过程，关注人类交往关系与互动模型变迁，而非简单地关注或比较某一或某几个个体或群体之间的异同，这或许是人们醉心于其中的意义所在。

李加莉长期从事外语教学，热心于跨文化传播实践，在与外国留学生的交往过程中深刻领悟了文化适应的重要意义，由此涵泳于文化适应研究的文献海洋，打捞出思想的精华，也体悟到思想的困局，遂成此作，完成了对文化适应研究的系统总结。读者诸君可顺着她的论说得以窥见文化适应理论的堂奥，反思自我的跨文化传播实践，或许能找到适合于自己的跨文化路径。这的确是值得期待的事情。

是为序。

单　波

甲午年冬至于珞珈山

---

① Thomas L. Friedman, *The Lexus and the Olive Tree*: *Understanding Globalization*, Macmillan, 2000, p. 284.

目　录

第一章　导论：面向跨文化交流困境的文化适应研究 ……… 001

　第一节　问题的提出 ……………………………………… 001

　第二节　被持续探讨的文化适应研究 …………………… 006

　第三节　考察文化适应研究的思路与方法 ……………… 022

第二章　文化适应研究的核心概念与视野转变 …………… 027

　第一节　文化适应内涵的演变 …………………………… 028

　第二节　"文化"诠释及其研究理路 …………………… 036

　第三节　研究对象："他者"的视野转向 ……………… 046

第三章　个体层面的文化适应研究：多样化的文化个体

　　　　　与普适性的心理诠释 ………………………… 056

　第一节　个体层面对文化适应模式的探寻 ……………… 057

　第二节　个体层面影响文化适应的因素：解释力

　　　　　的缺失 ………………………………………… 071

　第三节　重新审视个体层面的文化适应研究 …………… 080

　第四节　个体层面改善文化适应状况的理论话语 ……… 097

　小　结 …………………………………………………… 109

第四章　人际、群体间的文化适应研究：自我与
　　　　他者之间平衡点的寻觅 …………………… 111
　第一节　陌生人：文化融合的迷失 ………………… 112
　第二节　文化适应中的传播网络：自我和他者
　　　　　之间的关系 ………………………………… 132
　第三节　我们和他们：群体间的接触假设及局限 ……… 153
　小　　结 ……………………………………………… 162

第五章　社会文化层面的文化适应研究：多元视角与
　　　　阐释的不确定性 ……………………………… 164
　第一节　文化适应研究中的文化考量 ……………… 165
　第二节　熔炉和色拉拼盘：社会整合的不同路径 ……… 185
　第三节　族群文化身份的情境性和渐变性 ………… 197
　第四节　文化适应研究全球化思维的悖论 ………… 210
　小　　结 ……………………………………………… 222

第六章　文化适应研究面临的挑战及展望 …………… 225
　第一节　文化适应研究面临的挑战 ………………… 225
　第二节　跨文化传播学中文化适应研究的缺陷及
　　　　　研究前景 …………………………………… 228

附录　访文化适应研究领军人物约翰·贝利教授 ………… 235

主要参考文献 …………………………………………… 254

后　记 …………………………………………………… 269

第一章

导论：面向跨文化交流困境的文化适应研究

文化适应是跨文化传播问题的重要来源，很自然地成为跨文化传播领域的一个热点。跨文化传播学中的文化适应理论多样，它们以不同的学科视角研究和阐释着文化适应现象，有着其内在的理路。另外，由于研究者关注的重点不一，研究和分析的方法各异，文化适应理论体系呈现出纷繁复杂的景象。在全球化这个不确定的时代探讨普适性的文化适应策略必定会出现理论的内在冲突，而在冲突中探寻文化适应的可能性，则成为反思文化适应理论的出发点。

第一节　问题的提出

跨文化传播是植根于人的物质生活生产与精神交往需要之中的历史现象。如今随着全球信息传播技术的突飞猛进，人类社会相互依存的紧密关系使得跨文化传播成为历史巨轮的轴心，于是文化间的互动扮演了引导、批判甚至抗拒人类社会变迁的角色。文化处在不断的流动和变化之中，一方面在文化内部它对自身文化在不断地习得、传承和延续，即文化濡化（enculturation）；另一方面在与他文化密切和直接的接触中相互影响、不断产生着变化，即文化适应（acculturation）。认识到文化内部和文化间发生的变化为跨文化对话开辟了可能性，因为文化不是铁板一块、一成不变的，它在与他文化的交流中不断地调整和变化着。如果说跨文化传播研究的核心是我们与他者如何交流的问题，那么文化适应研究则探究"文化中人"（people-in-culture）或"文化群体"在与他者的交流中所发生的"变化"（change），以及这些变化的前因、后果和遭遇的挑战。

在人类发展的历史中，不同群体在最初较封闭的环境中形成了自身独特的语言、风俗习惯和世界观。当不同文化群体需要彼此交往和相互了解时，历史上形成的文化传统及其差别成为痛苦和冲突的来源。文化是意义、价值和行为标准的整合系统，社会中人据此生活并通过社会化将其在代际传递。① 人是一个特定社会的成员和他的文化的承载者，所以文化总是首先表现为某些人的文化，某些个体文化或群体文化。不同的人群形成不同的文化个性，不同的文化体系也相应地拥有不同的特定人群，这些特定人群就成为某种具有文化属性的文化中人。对文化中人而言，文化的意义体系在路径清晰的已知世界和未知不明的外部世界之间竖起了一道保护性屏障。一方面，对文化中人而言，文化具有心理功能，特别是减少恐惧和焦虑

---

① 〔美〕罗伯特·F. 墨菲：《文化与人类学引论》，王卓君译，商务印书馆，2009，第32页。

的功能。而另一方面，文化中人对他者的闯入和移入产生不安和焦虑。[①] 所以，超越文化边界而进行的跨文化传播常常会导致文化不适应的状况发生，引起个体的抑郁和焦虑、文化身份的冲突和矛盾、文化信仰的缺失和迷茫、价值判断的失据、行为的失范等，继而在个人、群体和社会文化层面产生一系列问题。

当代社会从现代性的"固体"阶段过渡到齐格蒙特·鲍曼（Zygmunt Bauman）所谓的"流动的时代"（Liquid Times），一个充满不确定性的时代。[②] 在全球化语境下，国家间、民族间的政治、经济、文化交往日益密切，人口的全球流动正在加速，人们的跨文化交往日益频繁。一个由留学生、移民、难民、商旅人士、外籍劳工等流动人口组成的庞大的"跨文化交往群体"正与日俱增。移民已然成为一种全球现象，世界上几乎每一座城市都有数量可观的移民社群，在一些工业国家里，非本国公民占到总人口5%的比例。[③] 据联合国2009年的数据统计，全世界有1.91亿人移居国外，除移民以外还有1400万的难民和背井离乡的避难者，此外还有大量的短期居留者，总计有300万接受高等教育的外国留学生和3000万由于工作关系移居海外的人士。而2013年全世界移民达到2.32

---

① 单波、王金礼：《跨文化传播的文化伦理》，载单波、石义彬主编《跨文化传播新论》，武汉大学出版社，2005，第44页。

② 〔英〕齐格蒙特·鲍曼：《流动的时代：生活于充满不确定性的年代》，谷蕾、武媛媛译，江苏人民出版社，2012。

③ 〔美〕拉里·A. 萨默瓦、〔美〕理查德·E. 波特：《跨文化传播》，闵惠泉等译，中国人民大学出版社，2004，第8页。

亿，占世界总人口的 4.2%，2000～2013 年，移民人口数量年均增长 2.2%。① 除了跨国的人口迁移，随着急速推进的现代化、工业化和城市化进程，在各国家和社会内部不同种族和文化群体等亚文化间的流动迁徙也日益频繁。这些内部移民在中国通常被称为"流动人口"，20 世纪 80 年代以来，中国的城市化进程进入了一个新的发展阶段，1978 年的城市化率仅为 17.9%，而到了 2012 年城市化率已达 52.6%，预计 2030 年中国的城市化率将达到 65%。② 社会内部的人口迁徙和流动问题也越来越受到学者们的关注。

在复杂多样的跨国领域和文化多元的国家内部，不同文化个体和群体在相互交往和接触的过程中都存在文化适应问题，在与异文化的接触、碰撞中，跨文化交往者或群体为了适应社会环境的需求承受了前所未有的压力和挑战，感受到文化冲击带来的一系列问题，直接影响到了他们的学习、工作和日常生活。当操有不同语言或方言、拥有不同信仰、来自不同民族或种族的人们一起工作和生活时，矛盾和冲突就不可避免地产生了。世界上每个国家都面临着少数裔和多数裔之间、移居者和本土公民间的矛盾和冲突问题，广泛的人口流动打破了原有的民族构成和既已形成的平衡关系。施莱辛格（Schlesinger）甚至指出，这些民族和种族冲突会代替意识形态的冲突成为这个

---

① 转引自王辉耀《中国国际移民报告》(2014)，社会科学文献出版社，2014，第 4 页；详见联合国移民数据库 http://esa.un.org/migration/index.asp。

② 中国发展研究基金会：《中国发展报告 2010：促进人的发展的中国新型城市化战略》，人民出版社，2010，第 12 页。

时代具有爆炸性的问题。[①]

文化适应是跨文化传播研究中历史最悠久、触及其根本性质的一片领地，它贯穿在跨文化传播的过程之中。如今它得到越来越多学者的重视，因为它的研究对象不断扩展，不仅仅限于移民和土著居民研究，而且包括各种族群体和短期移居者；因为它不仅仅是个体或群体层面的适应问题，而是深嵌在社会问题之中，其触角延伸至变化无穷的政治、经济、文化的矛盾与冲突之中。居住在世界各地的文化群体已不再是独处一隅的地方化部族，更不是汪洋中的孤岛，全球化成为人们的生存方式之一。每个文化中人都在与他者的隔离和联系之间试图找到正确的平衡点释放他的创造性潜能，同时社会也在逐渐演变，寻求一种能平衡所有文化群体的利益和需求的机制让他们充分、平等地参与到公共生活之中。

跨文化传播学者们在追寻这样的平衡点，文化适应研究成为当今全球化语境下引人注目的理论景观，有着人类学、心理学、传播学以及社会学等不同学科背景的学者们在不同层面探寻着文化适应问题。在当今现代化、城市化和全球化进程中，世界在资本的力量和强势政治文化力量的裹挟之下变得越来越小，时空的压缩使得文化间的征服、抵抗、转化、吸收、适应与融合的问题日益凸显。在这样的时代背景下，文化适应研究在近几十年来呈蓬勃发展之势，并在理论和实践上不断得到丰

① A. Schlesinger, *The Disuniting of America: Reflections on a Multicultural Society* (New York: W. W. Norton, 1992), p. 10. 转引自〔美〕拉里·A. 萨默瓦、〔美〕理查德·E. 波特《跨文化传播》，闵惠泉等译，中国人民大学出版社，2004，第11页。

富和发展，而另一方面文化适应理论体系又呈现出纷繁复杂、众说纷纭的景象。任何理论都具有观念的调适功能及行为的修正功能，由此形成某种价值和经验，同时任何理论都带有理性的褊狭。为此重新梳理、审视和反思文化适应的理论话语及其实践，追问文化适应研究的内在价值及其局限性有着重要的现实意义。

第二节　被持续探讨的文化适应研究

文化接触自古有之，人类历史书写了众多不同文化接触的经历和体验。不同文化间的交往导致了原有生活方式的变化和文化的改变，并且逐渐形成了新的社会风貌。变化（change）是文化适应过程中的关键词，它既是过程也是结果，其复杂性成为文化适应研究的原动力。一直以来，学者们从不同的学科立场和视角对文化适应问题进行了持续的探讨，形成了各具特色的研究路径和理论。这些理论话语莫衷一是，涉及不同学科，从微观的心理层面的人内传播研究到广阔的社会机制的研究，不一而足。它们在个体、人际、群体和社会文化等不同层面呈现、分析和解释了文化适应现象的不同面向。

当我们追寻跨文化传播学的智识之根（intellectual roots）不难发现人类学对其首屈一指的影响，甚至有学者认为跨文化传播学的起源是文化人类学，其次是社会学、心理学、传播学等。这一点从该领域对文化人类学者萨丕尔（Sapir）、沃尔夫（Whorf）、霍尔（Hall）等以及社会学或人类传播学者西美尔（Simmel）、卢温（Lewin）等著作的大量引用可以看到。在文化适应研究中，人类学家和社会学家关注到群体和社会层面的变化，对这一过程中的群体关系、社会分层和结构、经济基础、政治组织以及文化习俗的改变等方面进行了深入的考察和研究。但是如今以"文化适应"（acculturation）为关键词搜索著名人类学杂志，在过去的十年里，《美国人类学者》（American Anthropologist）只有 6 篇文章涉及，而《文化人类学》（Cultural Anthropology）则一篇都没有。最早进行文化适应研究的人类学者真的淡出了该领域的研究？20 世纪后半叶，随着后现代理论的兴起，人类学者在国家层面对文化所进行的表述已经让位于族群性（ethnicity）研究。他们越来越少地使用文化适应（acculturation）一词，但他们从未停止相关的族群（ethnic groups）研究，并且将它放在社会政治、经济、文化的具体语境之中，做了大量的深入而细致的考察。社会学界也是如此，在当今国内外社会学刊物中搜索会发现以"文化适应"为关键词的论文寥寥，但是社会学者们在另一条路径上进行着相关的族群、移民等亚文化群体的社会整合、社会认同研究值得关注。

近几十年，以文化适应为关键词的研究在心理学和传播学领域呈现蓬勃发展之势。心理学家强调文化适应对个体的心理所产生的影响，关注到文化适应者认知、态度、行为、价值观的改变。传播学者则更多地关注传播在文化适应过程中的重要作用。在心理学和传播学的期刊上，相关的研究论文呈迅猛增长之势。拉德明（Rudmin）对 1900 年以来到 2000 年的这 100 年间 PsycINFO 和 Dissertation Abstracts International 这两个数据库中所包含的文化适应研究做了一个统计（见表 1 - 1），形象地说明了文化适应研究在该领域强劲的增长势头。[①]

表 1 - 1　1900～2000 年文化适应研究的数量

年代	PsycINFO（篇）	Dissertation Abstracts International（篇）
1900～1930	0	0
1931～1940	17	5
1941～1950	60	25
1951～1960	97	49
1961～1970	111	69
1971～1980	248	153
1981～1990	572	700
1991～2000	1571	1376

　　跨文化传播学研究最著名的期刊《国际跨文化关系杂志》（*International Journal of Intercultural Relations*）从 2001 年至 2011 年间所刊发的 602 篇文章中涉及文化适应问题的文章高达 175 篇，占总篇数的 29%，将近 1/3 的比例。从表 1 - 2 可见，文化适应研究已然成为当今国外跨文化传播学界持续研究的热点，是被反复探讨的跨文化传播问题。在国内，有关文化

---

① F. W. Rudmin, "Catalogue of Acculturation Constructs: Descriptions of 126 Taxonomies, 1918 - 2003", in W. J. Lonner, D. L. Dinnel, S. A. Hayes et al., eds., Online Readings in Psychology and Culture. (http://www.wwu.edu/~culture). Center for Cross-Cultural Research, Western Washington University, Bellingham, Washington, USA, 2003. 转引自余伟、郑刚《跨文化心理学中的文化适应研究》，《心理科学进展》2005 年第 6 期，第 837 页。

适应的论文在 21 世纪初才见之于期刊，目前这一主题并没有成为热点，国内的跨文化传播研究以文化和语言为主，对中国对外传播以及国家形象的跨文化传播特别关注。①

表 1 - 2　2001～2011 年《国际跨文化关系杂志》文化
适应研究论文的数量

年份	文化适应研究论文的篇数	文章的总篇数
2001	17	45
2002	14	47
2003	12	47
2004	13	49
2005	12	49
2006	15	58
2007	9	53
2008	14	53
2009	19	56
2010	25	61
2011	25	84
总　计	175	602

资料来源：作者统计。

在跨文化传播领域，古迪昆斯特（William Gudykunst）以互动的/比较的（interactive/comparative）和人际的/媒介的（interpersonal/mediated）为两根主轴把跨文化传播分为四个范畴：（1）跨文化交流（intercultural communication），它由"人际的"和"互动的"两个概念组成，探讨来自不同文化的个人或团体相遇时彼此的互动关系；（2）跨文化交际（cross-

---

① 迟若冰、顾力行：《跨文化交际/传播的学科身份研究》，《跨文化研究前沿》，外语教学与研究出版社，2010，第 38 页。

cultural communication），由"人际的"和"比较的"两个概念组成，比较不同文化间的人们传播行为和文化的异同，它从文化规范的角度在文化差异性层面进行静态的比较；（3）国际传播（international communication），由"互动的"和"媒介的"两个概念组成，它从国家官方层面对它国媒体传播进行研究；（4）大众传播比较研究（comparative mass communication），由"比较的"和"媒介的"两个概念组成，探讨不同文化背景下，不同国家的大众媒介体系、媒介文化的差异。① 这四个部分都置于跨文化传播研究大的范畴之下。在国内，前两个范畴在外语界得到更多的研究，而国内的传播学界学者更多地在后两个范畴进行研究。就理论术语而言，实际上目前大部分学者基本抛弃了"cross-cultural communication"一词的使用，因为跨文化传播（intercultural communication）已逐渐上升到从动态、静态结合的层面来考察不同文化间或不同文化人际的交流（即不同国家或不同群体间的传播现象）。人类的传播活动可以划分为：人内传播、人际传播、群体与组织传播和大众传播。目前，主要以人内、人际传播行为和文化间的互动为研究对象的文化适应研究是国外跨文化传播研究的主流之一。

国外文化适应研究的理论流派较多，它们各成体系、各有千秋，从不同层面和不同的角度为文化适应研究提供了思路，并在世界范围内对不同的文化适应对象进行了大量的实证研究，但整个跨文化传播领域的文化适应理论零散，基本上各自

---

① 陈国明：《跨文化交际学》，华东师范大学出版社，2009，第 12 页。

为营，少有交集。古迪昆斯特（William Gudykunst, 2005）在《跨文化传播理论综述》中罗列和介绍了以下重要的文化适应理论：金洋咏（Young Yun Kim, 1979, 1988, 1995, 2001）的跨文化适应与传播的整合理论（Integrative Theory of Communication and Cross-cultural Adaptation）；布尔里等（Bourhis etc., 1997）的交互式文化适应模式理论（the Interactive Acculturation Model）；古迪昆斯特和海默尔（Gudykunst & Hammer, 1988, 1998, 2005）的跨文化调整的焦虑与不确定性管理理论（Anxiety/uncertainty Management Theory of Adjustment）；西田弘子（Nishida, 1999, 2005）的文化图式理论（Cultural Schema Theory, 1999, 2005）等等，但是他并没有就这些理论做学术渊源上的梳理，也没有做任何评介。他在"理论的未来发展"这部分中提到：（1）这些理论大多数使用客观主义方法（objectivistic approaches），试图解释和预测研究现象，却很少运用主观分析法（subjectivistic approaches）来描述研究现象。他认为只有综合主观主义与客观主义，才能真正认识传播，不能死守超理论假设（metatheoretical assumptions）。（2）缺乏美国以外的理论，学者们应发展自己的本土化理论。（3）目前这些理论未包括"权力"这一课题，很明显，权力因素在很多跨文化和跨群体交往中起作用。（4）有些理论有着一致性，存在整合的可能性和空间。① 他认为就美国跨文化传播理论的

---

① W. B. Gudykunst, "Theories of Intercultural Communication", *China Media Research* 1 (2005): 61 – 89. http://www.chinamediaresearch.net.

文化适应研究的进路

现状而言，进行不以理论为基础的研究是不可取的。

古迪昆斯特只看到传播学领域近几十年刚刚兴起的文化适应理论，而另一位著名传播学者金洋咏（Young Yun Kim）视野更开阔地看到了文化适应研究的跨学科性。她认为现存的文化适应研究概念和方法多样，但不同学科背景的学者画地为牢，鲜有相互的引证。她提及：人类学者把群体的文化适应看作"原始文化"（primitive culture）动态的变化过程；社会学者研究社会分层（stratification）、社会等级问题以及少数裔如何结构化地整合到政治、社会经济体系之中；而心理学和传播学层面的研究试图解决文化适应者的人内和人际传播现象。但她在文章中没有就此展开，找出它们之间的分歧和联系。而只是提到人类学者和社会学者学术兴趣在于移民和族群长期的适应状况，而心理学家和传播学者更关心旅居者的短期适应问题。她在文中批评了"适应问题论"，重申了自己的"适应成长论"。最后她认为对长期的适应状况的研究和对旅居者的短期适应问题的研究之间，"适应问题论"和"适应成长论"之间，不同的适应模式和测量指标之间以及意识形态上的"同化论"和"多元论"之间都不是两分的，它们有待在概念和理论上进行梳理和整合，这是未来构架更全面的文化适应研究的根本任务。①

华人学者陈国明认为文化适应是"理解—尊重—接

① Y. Y. Kim, "Adapting to an Unfamiliar Culture", in W. B. Gudykunst, ed., *Cross-cultural and Intercultural Communication* (Shanghai: Shanghai Foreign Language Education Press, 2007), pp. 243 – 257.

受"的动态过程，其间跨文化交流者加深相互了解、相互尊重，拓展相互接受的空间，这一过程可以视为"跨越边际的博弈"（boundary game），成功的文化适应需要"边际智慧"（boundary wisdom），从和谐角度既认识到文化的差异，又可以通过主体与客体，自我与他者的相互渗透和相互认同，将主观的一元扩展为主体间的多元性。文章将文化适应理论分为五大模式：恢复模式（the recuperation model）、学习模式（the learning model）、复原模式（the recovery model）、动态减压模式（the dynamic tension reduction model）和辩证模式（the dialectical model）。他认为前四种模式倾向于把跨文化适应看作线性过程，而最后一种综合模式则是动态的、非线性的，整合了跨文化适应研究的不同面向。① 他自己正在试图从跨越边际的博弈视角对跨文化适应的辩证模式进行理论构建。但是他所归纳的五大模式各自分立，似乎各不相干。

在心理学界，以山姆和贝利（David Sam & John Berry）为领军人物的文化适应研究者结集出版了《文化适应心理学》（*The Cambridge Handbook of Acculturation Psychology*）一书，该书从心理学层面论述了文化适应研究的概念、理论和方法，以及在不同文化适应群体和社会中所展开的实证研究成果。贝利、山姆和罗杰斯（John Berry, David Sam & Amanda Rogers）在结论部分中谈及了文化适应心理学研究的局限和未来的发展方向。他们认为心理学者考察了情感、行为和认知上的变化，

---

① 陈国明：《跨文化适应理论建构》，《学术研究》2012 年第 1 期。

文化适应研究的进路

但是与其在这三个方向各自发展单独的理论，不如协力研究一个涵盖个人发展的综合性模式。目前研究者大部分在考察西方社会，他们应更多地关注非西方社会。另外，文化适应是一个复杂的现象，不同学科间的合作非常重要，人类学、人口学、经济学、社会学、教育学和政治学都贡献了它们有价值的观点，需要把它们有机地纳入到一个更全面的文化适应研究体系之中。①

国外的文化适应学者在各自的研究层面建立了自己的理论并进行了大量实证研究，但正如以上几位著名学者所看到的：文化适应是一个复杂的现象，把各路理论进行整合，纳入到一个有机的体系之中，建构文化适应研究的立体化框架是亟待解决的问题。另外，文化适应中存在分析方法上的问题以及"权力"课题缺失的问题。但是，要系统梳理和审视文化适应相关理论并非易事，因为它是跨学科的，这些研究分属在心理学、传播学、社会学、人类学和政治学不同的学术阵营之中，相当零散、繁复而庞杂。所以这些学者虽然认识到不同学科之间的联系很重要，却没有人着手探究不同层面、不同学科背景的文化适应研究之间的分歧和联系。正因为如此，他们的理论很可能是缺乏阐释力的，需要进一步的专题探讨找出其理论的价值和局限性。

虽然跨文化传播现象源远流长，但跨文化传播学作为学科

---

① D. L. Sam & J. W. Berry, *The Cambridge Handbook of Acculturation Psychology* (Cambridge: Cambridge University Press, 2006), pp. 526 – 528.

的历史只有短短的 60 年左右，而中国的相关研究在 20 世纪 80 年代才开始逐渐兴起。在国内，跨文化传播学研究主要在两个学科领域中展开，外语学界和新闻传播学界，但这两个学界在研究中没有多少交集，各自走上了平行发展的道路。外语学界通常将"intercultural communication"称为"跨文化交际"，学者们关注语言的跨文化差异，侧重研究语言与文化的关系（如外语语言教学、文化与交际、跨文化语用学等）。而国内的新闻传播学界通常把"intercultural communication"称为"跨文化传播"，学者们大多关注文化与传播的关系，特别是以大众传媒为媒介的跨文化传播（跨文化的新闻/影视/广告传播/营销等）。在文化适应方面的研究也是如此，分立在不同学科中的学者常常专注于本领域的研究而忽略另一条路径。这些不同的路径时而交汇，时而向不同方向延伸，很难得到它们之间清晰的发展脉络和图景。

传播学在中国正名在 90 年代末，而"跨文化传播学"又是传播学的一个短板，众多的理论仍处在构建、探讨之中，目前以人内、人际传播行为和群体间互动关系为考察对象的文化适应研究还没有成为热点。21 世纪初左右，有关文化适应的论文才见之于期刊。它们大多是从心理学和传播学或语言学习、教育学的角度所进行的理论引介、评述或有关旅居者生活的实证研究，其中比较有代表性的有：许菊的《文化适应模式理论评述》（2000）；陈慧、车宏生的《跨文化适应影响因素研究评述》（2003）；郑雪的《文化融入与中国留学生的适应》（2003）；陈向明的《旅居者与外国人——在美中国留学生的人际交往》（2004）；雷龙云、甘怡群的《来华留学生跨文化适应状况调查》（2004）；余伟、郑刚的《跨文化心理学中的文化适应研究》（2005）；杨军红的《来华留学生跨文化适应问题研究》（2005）；芮盛豪的《韩国留学生在上海的文化适应模式研究》（2008）；孙乐芩等《在华外国留学生的文化适应现状调查及建议》（2009）；郁玮的《中国留学生在英国跨文化适应状况以及对校内网的使用》（2009）；孙丽璐、郑勇的《移民文化适应的研究趋势》（2010）；史兴松的《驻外商务人士跨文化适应研究》（2010）；安然的《跨文化传播与适应研究》（2011）；等等。

就研究对象而言，国内学者普遍把文化适应研究的对象窄化为移居者（永久性的或者临时性的移居者）。比如，陈慧、车宏生就把文化适应研究的对象分为两类：一类是长期居留在他文化群体中的个体，如移民和难民；另一类是短期居留在他文化群体中的个体，即旅居者（如：商业人士、留学生、专业技术人员、传教士、军事人员、外交人员和旅行者）。以上研究对象都属于移居者（migrants）一类，移居者中还应该包括寻求庇护者（asylum seekers）。实际上，文化适应研究的对象更为广阔，除了移居者（migrants），还包括定居者（sedentary）——种族文化群体（ethnocultural groups）和土著居民（indigenous peoples）（见表 1 - 3）。目前，国外文化适应研究的主要对象是跨国的文化流动群体，如移民、留学生、跨国商务人士、旅游者这些移居者，以至于国内许多学者们误以为文化适应的研究对象仅限于此，这是一种片面的看法。

表 1 - 3　文化适应的研究对象

流动性	接触的意愿性	
	自愿的	非自愿的
定居者	种族文化群体	土著居民
移居者 永久性的 临时性的	移民	难民
	旅居者（跨国商务技术人员、留学生、旅游者等）	寻求庇护者

资料来源：D. L. Sam & J. W. Berry, *The Cambridge Handbook of Acculturation Psychology*（Cambridge：Cambridge University Press, 2006）, p. 30。

就研究方法而言，自胡文仲（2005）、关世杰（2006）撰文呼吁实证研究方法之后，国内的文化适应实证研究已广泛地开展起来，其研究比例明显上升，一部分学者进行了富有成效的质性和量化研究相结合的考察。在实证层面，郑雪从东道国和本国文化认同两个维度，调查了澳大利亚的 157 名中国留学生，探讨了他们四种不同的适应策略（整合、分离、同化和边缘）及其与中国留学生适应的关系。结果表明，其中的整合者占 40.1%，分离者占 42.7%，同化者占 8.3%，而边缘者占 8.9%，中国留学生认同东道国文化和认同本国文化的指标均与心理适应指标有显著的正相关；在心理适应方面，整合者最好，其次为同化者和分离者，最差为边缘者。[①] 雷龙云、甘怡群根据沃德等的理论，对来自 6 大洲 47 个国家的 96 名在华留学生的文化适应状况进行了调查。结果表明，来华留学生的社会文化适应问题总的来说并不严重，33.3% 的被试者有不同程度的抑郁症状，来华留学生的社会文

---

① 　郑雪：《文化融入与中国留学生的适应》，《应用心理学》2003 年第 1 期。

化困难与抑郁之间有较弱的相关。①

　　陈向明通过近两年的质性研究，追踪考察了一群留学美国的中国学生与美国人之间的人际交往状况，在深度访谈、参与性观察和文本分析的基础上，阐述了这些中国留学生的跨文化人际交往的状况和心态，揭示了他们在美国这块陌生土地上如何从苦闷、彷徨、无助到重构文化身份，适应新环境的这一艰难过程。② 杨军红对200多位来自世界各地的留学生进行了问卷调查和深入访谈，探讨了影响在华留学生适应的个人因素和社会环境因素，研究发现不同留学生群体中，适应情况最好的是欧美留学生，其次是韩国留学生，适应最差的是日本留学生和非洲留学生。③

　　芮盛豪以传播网络为切入点对上海五所高校的韩国留学生进行了质和量相结合的调查研究，研究结果表明，韩国留学生采取了三种不同的文化适应模式来适应新的文化环境，它们分别为"分离型""过渡型""整合型"。④ 郁玮探究了中国留学生在英国的文化适应过程与本土校内网使用之间的关系，结果发现年龄、在英居留时间以及个人感知的从校内网获得的社会帮助与校内网使用黏度之间有直接关系，校内网作为社会网络

---

　　① 雷龙云、甘怡群：《来华留学生跨文化适应状况调查》，《中国心理卫生杂志》2004年第10期。

　　② 陈向明：《旅居者与外国人——在美中国留学生的人际交往》，教育科学出版社，2004。

　　③ 杨军红：《来华留学生跨文化适应问题研究》，上海社会科学院出版社，2005。

　　④ 芮盛豪：《传播网络分析：韩国留学生在上海的文化适应模式研究》，博士学位论文，复旦大学新闻学院，2008。

对跨文化适应过程有积极作用。① 孙乐芩等通过深度访谈和开放式问卷对中国四个城市的外国留学生适应状况进行了调查，结果发现，在华外国留学生总体适应状况良好，欧美留学生的适应性明显优于东南亚和东亚的留学生；方言对留学生的影响具有地域差异；以"同胞和中国人"作为主要社会支持的留学生适应性好于其他组。调查主要发现两类问题，一是小部分外国留学生心理适应水平较低，二是我国留学生教育和服务质量有待提高。②

史兴松采取量化研究的方法，以810名中国驻外与外国驻华商务人士为研究对象，探讨了文化适应状况与其工作表现的关联性，影响他们文化适应的主要环境及自身因素以及驻外商务人员的选拔和培训问题。③ 安然等则主要从留学生多元文化教育的角度在实证研究中探讨了留学生的跨文化交流与适应、身份认同和跨文化传播能力等问题。④ 这些实证研究从社会个人因素、人际交往、留学生教育等不同方面解释和探讨了文化适应现象，以期改善一部分群体的文化适应问题，但这些专注于某一面向的实证考察很难让国内学者们对整个文化适应研究有较为全面的认识和了解。

---

① 郁玮：《中国留学生在英国跨文化适应状况以及对校内网的使用》，硕士学位论文，上海外国语大学英语系，2009。
② 孙乐芩等：《在华外国留学生的文化适应现状调查及建议》，《语言教学与研究》2009 年第 1 期。
③ 史兴松：《驻外商务人士跨文化适应研究》，对外经济贸易大学出版社，2010。
④ 安然等：《跨文化传播与适应研究》，中国社会科学出版社，2011。

文化适应研究的进路

在理论研究方面，一般性的介绍为多，深入分析的居少；零散罗列的现象为多，整体系统的研究居少，进行专题探讨和理论反思的更少。一些学者对文化适应理论进行了整理，但是没有把它们纳入到一个有机的体系之中。在外语界，许菊从二语习得的角度介绍了20世纪70年代舒曼（John Schumann）创建的文化适应模式，它结合社会环境和心理环境两方面的因素分析了第二语言习得的规律，认为语言学习者与目的语之间的社会距离和心理距离是其动力机制。心理距离指学习者个体对目的语及其社会的心理感受和反应；社会距离指语言学习者被目的语社会接纳的程度，两者成为二语习得能否成功的重要的内外部因素。该理论认为最后同化是二语习得的最高理想。①陈慧、车宏生总结了影响文化适应的因素有内部因素和外部因素，外部因素包括生活变化、社会支持、旅居时间、文化距离、歧视与偏见等；内部因素包括认知评价方式、应对方式、人格、与文化相关的知识与技能、人口统计学因素。② 杨军红在其专著中从跨文化心理学、跨文化交际学和比较教育学视角进行了理论概述。③ 孙丽璐、郑勇通过研究发现，心理学界的移民文化适应研究在理论模型方面从横断面研究向过程研究转变，其研究对象从笼统性范畴向具体化的群际与代际取向发展，移民的人格特征、学术成就和心理健康之间的关系得到

---

① 许菊：《文化适应模式理论评述》，《外语教学》2000年第3期。
② 陈慧、车宏生：《跨文化适应影响因素研究评述》，《心理科学进展》2003年第6期。
③ 杨军红：《来华留学生跨文化适应问题研究》，上海社会科学院出版社，2005，第43~93页。

关注，但对过程变量需进一步验证，研究成果需进一步普及。①

　　国内对文化适应理论的梳理并不系统，没有找出这些理论之间的联系，进行理论反思的文章更是寥寥无几。值得一读的是余伟、郑刚的《跨文化心理学中的文化适应研究》；单波的《跨文化传播研究的心理学路径》；杨宝琰、万明刚的《文化适应：理论及测量与研究方法》等。余伟、郑刚认为，文化适应研究已经成为跨文化心理学研究的一个重要组成部分，其研究对西方国家移民政策产生了重要影响。他们从文化适应的定义出发，探讨了心理学文化适应主要的理论模型和研究范式，但同时指出文化适应的理论框架还不够清晰，测量量表方面存在不少问题，它很少考虑到少数民族文化群体与主流文化群体的关系。他们认为在心理学层面，坚持多元思考的模式，引入跨学科的文化适应理论非常必要。② 单波认为，跨文化传播集中呈现了不同种族与文化背景下"我们"与"他者"如何交流的问题，为了探究这一核心问题研究者得走心理学的路径，导入这条路径并不是为了发现人类传播心理的普遍规律，而是为了寻求感知人类各种文化精神表现形式，发现各种文化心理之间的微妙关系，找到文化对话的可能性。他在论文中质疑了文化适应心理学者的普遍主义思维，认为以同样的方法、程序、概念把理论应用于不同的社会和文化之中，通过比较找

---

① 孙丽璐、郑勇：《移民文化适应的研究趋势》，《心理科学进展》2010 年第 3 期。

② 余伟、郑刚：《跨文化心理学中的文化适应研究》，《心理科学进展》2005 年第 6 期。

出不同文化影响之下行为的共同性和差异性，往往是在文化之外研究传播行为，有悖于跨文化传播研究的价值与目标。①

　　杨宝琰、万明刚论及了文化适应研究问题的复杂性和研究者不同的学科偏向。他们认为，第一，目前有关文化适应的概念和定义模糊，不同概念之间存在混用和误用的现象，缺乏一致的共识；第二，不同学科所构建的文化适应理论只关注到问题的某些方面，它们之间缺乏学术互动；第三，文化适应心理学研究中过分倚重单一的量化研究方法；第四，不同国家的文化适应问题因文化和社会制度的差别而异，应批判性地借鉴国外的研究成果。②

　　综上所述，国内研究者在理论探讨中认识到目前的文化适应研究主要存在如下问题：文化适应定义的模糊性，概念的混用和误用，理论框架不够清晰，研究方法单一。另外，不同学科背景的学者互不了解彼此所做的研究。这些问题的理清和解决有待于对不同学科中的文化适应理论进行梳理、整合，建构文化适应研究的立体化框架。当文化适应研究在高歌行进之时，停下脚步思考其理论问题，使不同分支理论的力量能走向联合非常必要。

第三节　考察文化适应研究的思路与方法

　　从目前国内外研究现状来看，把各路理论整合到一个有机

①　单波：《跨文化传播研究的心理学路径》，《湖北大学学报》（哲学社会科学版）2006 年第 3 期。
②　杨宝琰、万明刚：《文化适应：理论及测量与研究方法》，《世界民族》2010 年第 4 期。

的体系之中，建构文化适应研究的立体化框架，探寻文化适应理论与实践的价值和问题是亟待解决的难题。虽然国内外心理学者、传播学者和教育工作者在理论和实践上对文化适应研究做出了重要的贡献，有着其内在的理论价值，但是他们在关注到问题的一面时，却因专注于某个面向、逻辑和路径，而失去了对问题的全面思考，所以在找到文化适应的一种可能性的同时消解了另一种可能性。于是，反思这些文化适应的理论话语，全面地看到不同学科学者所做的贡献，才能使文化适应理论的阐释功能更加全面、更有说服力。

文化适应研究中最关键的是"变化"一词，它包括动态的、历时的变化过程，也包括静态的变化的结果，所以在实际研究中对两者的考察都十分重要。变化是多维度的、多层面的，它既是物理上的（如居住条件的变化）、生物生理上的（病症），也是政治经济（移民政策等）、社会文化上的（种族歧视等）。文化适应的变化应包括以下三个层面：一是个体层面的，即在文化接触之后个体在心理上、情感、态度乃至认知等方面发生的变化；二是在人际交往和群体层面上，在与不同文化接触之后，语言、人际交往的方式和人际圈的变化，内外群体间的关系，文化身份认同等方面的变化等；三是社会文化层面上的，即文化接触之社会或社区在其文化观念、社会结构、经济基础和政治组织等方面发生的变化。为了探究这些变化以及这些变化的前因后果，以下的章节将主要从这三个层面揭示文化适应的相关研究和理论话语，并进一步剖析这些理论话语的价值和问题。

首先，需要梳理文化适应研究的脉络和走向，呈现不同流

文化适应研究的进路

派的研究状况，以对文化适应研究有比较全面的了解。为此，本书不拘泥于文化适应研究的学科分界，横向从个体、人际和群体间、社会文化层面渐次展开，纵向则在文化适应研究的发展轨迹中探求不同学科间文化适应研究的联系与分歧，构架更完整、更全面的文化适应的学科研究体系。虽然本书把文化适应研究从以上三个层面进行分析，但实际上它们相互重叠，你中有我、我中有你，互相交织。文化适应是跨文化交流者的第二次社会化过程，个体层面、人际和群体层面以及社会文化层面的因素之间彼此影响、相互渗透，最后作用在文化中人和文化群体身上，形成了他们不同的文化适应状态。在这个基本框架之上，本书试图以思辨性的视角探讨目前跨文化传播学中文化适应研究理论话语的价值及其存在的问题，力图整合文化适应研究的理论、实践和多元方法。通过梳理、反思各路理论，本书发现跨文化传播学中不同层面的文化适应研究存在其价值，但同时也存在如下的矛盾和问题。

第一，个体层面的文化适应研究探究了跨文化个体在认知、情感、态度和行为方面的变化。这些学者通常把文化适应看作一种病症，试图追寻普遍的文化适应良方以解决文化适应个体的心理和社会适应问题。在这一层面的理论话语存在多样化的文化个体与普适性的心理诠释之间的矛盾。

第二，在人际、群体间层面，学者们研究了跨文化交流者在人际、群体间的传播关系，试图通过有效的传播为文化适应问题提供解决方案，他们为跨文化个体提供了实用的、可操作的传播沟通技巧。但这一层面的文化适应研究者执着于提高与东道国文化社会的融入度和社会距离的拉近，却忽略了个体的文化自主性与异质文化之间的平衡，在理论构建中容易迷失自我与他者之间的平衡点。

第三，在社会文化层面，跨文化传播学者试图揭示社会文化因素对文化适应状况的影响。通过提供简单的、标准化的方法看似为研究者提供了方便，但实际上忽略了文化的复杂性和深层因素，其结果是考察了一些文化表象，却忽略了深层的意义生成和具体的语境。这一层面的问题体现为多元视角与阐释的不确定性之间的矛盾。

本书将主要针对以上三个问题展开探讨和反思。就研究方法而言，本书是理论探讨型，以思辨性的定性研究为主，力图对文化适应研究进行梳理和建构，在与文化心理学、社会学和人类学相关研究的对话中思考文化适应研究演进的路径及存在的问题，并展望其未来的研究前景。

本书的思路基本从以下五个章节展开。第二章对文化适应的核心概念及其视野转向进行了纵向和横向上的辨析，纵向延伸是历时的，横向是跨学科的，以便在不同理论术语间产生对话，找到区别和联系，为清除不同层面的理论话语之间的藩篱打下基础。这些关键词的定义和阐释揭示了其意义的流变以及研究者们不同的价值取向。

第三章重新审视了个体层面文化适应研究的框架及主要理论模式的价值及问题。在这一层面学者们细致地考察了影响文化适应状况的个体因素，其核心问题是：探究文化适应的压力所在，进而找出应对压力的策略以最终适应新环境。他们从对跨文化个体在适应过程中所产生的病理和生理的症状开始研究，逐步认识到这一过程的复杂性、曲折性和积极性。但在普遍性的求答中没有找到令人信服的答案。本章主要从文化心理学对生理另一端的个体心理学的质疑中找到了评析视角。

第四章在人际和群体层面展开，跨文化传播学者们通过借鉴和发展社会学的相关理论展开了对跨文化交流者之间的传播关系及其有效的传播、传播网络等方面的研究。他们虽沿袭了社会学的理论渊源，但缺乏社会学者对社会资源、权力的分析意识，只执着于提高陌生人与东道国文化社会的融入度，而容易忽略陌生人的文化自主性与异质文化之间的平衡，在文化适应中迷失了自我和他者间的平衡点。本章主要以社会学的相关理论为参照体系找到评析视角。

第五章在社会文化层面展开，跨文化传播学者把文化看成是一个由文化元素、集合与模式构成的层级系统，他们在文化表征层面进行考察，试图揭示这些文化因素对跨文化传播者文化适应状况的影响。但这些易于操作、标准化的量化方法实际上忽略了文化的复杂性和深层因素。反观人类学者所做的相关研究，他们更细腻地呈现了社会文化语境中族群的文化适应现象。本章把人类学者的族群和族群性研究并置其中，呈现了他们不同的研究路径和见解，对跨文化传播领域的文化适应研究进行了进一步的反思。

在全球化背景下文化变得越来越混杂，文化的边界已变得模糊，"文化接触"的概念受到新的考验，这些变化使得文化适应研究在理论和方法论上都面临着崭新而复杂的挑战。最后本书第六章总结了跨文化传播学中文化适应研究所存在的缺陷，并认为改善或避免了这些缺陷的范式才能真正应对当前所面临的崭新问题和挑战。

第二章

文化适应研究的核心概念
与视野转变

　　文化适应研究者从不同的学科背景和视角考察文化适应现象，他们建构了各具特色的理论。人类学者关注文化接触中群体文化的适应性改变，社会学家研究族群适应过程中的社会整合，心理学家侧重于个体层面的探究，强调文化适应对心理的影响，关注其态度、行为、价值观和认同的改变。传播学家则更多地关注传播在文化适应过程中的重要作用。研究者们不同的理论背景和用词偏好以及汉语翻译措辞的不同，造成了国内文化适应研究者在一些关键概念上的混淆和迷惑，在不同层面的理论话语之间竖起了藩篱。所以，我们首先有必要理清文化适应研究的核心概念，区分不同关键词的内涵，阐明文化适应研究的要件，以便在不同理论术语间产生对话，找到区别和联系。这些关键词的定义和阐释揭示了其意义的流变以及研究者们不同的价值取向和视野转变。

第一节　文化适应内涵的演变

工业革命之后，随着人口流动的加剧，文化适应越来越成为一种普遍的现象。1880 年美国民族学局（Bureau of American Ethnology）首任局长鲍威尔（John Wesley Powell）创造出"Acculturation"这一词，他出于博物学目的——为史密森尼美国博物馆（Smithsonian Institution）准备素材，对美国境内的印第安人进行了多年的种族、考古和语言方面的人类学考察。他在《印第安语言研究导论》（*Introduction to the Study of Indian Languages*）中谈到在百万文明人的压倒之势下印第安文化的巨大变化。他在 1883 年所给出的定义是指来自劣等文化的个体模仿先进文化的行为所导致的巨大的心理变化。他根据技术水平、知识发展、社会组织、财产关系等把人类分为野蛮社会和文明社会，认为所有的社会都会走上文明的进程。受那个时代的局限，另一位人类学家麦克基（McGee）把文化适应定义为文化群体间相互交换和滋养的过程，高等文化（higher culture-grades）之间的交流是友好的（amicable acculturation），低等文化（lower culture-grades）间则是敌意的、海盗式的（piratical acculturation），在此过程中社会从野蛮、蒙昧到文明、进步。[①] 可以看到，最初文化适应的定义明显地带有种族歧视的观点，充满了社会达尔文主义的论调，殖民

[①]　W. J. McGee, "Piratical Acculturation", *American Anthropologist* 11 (1898): 243 – 249.

主义者和文化帝国主义者运用这个观点来支撑他们的文化优越感。早期进行文化适应研究的人类学者，关注到文化变迁中文化适应的重要作用。在他们那里，文化变迁包括创新、传播、文化遗失和文化适应（acculturation）。在人类学的中文著作中，一般把"acculturation"翻译为"文化涵化"，与文化濡化（enculturation）相对，被视为文化变迁的一种主要形式。这种直接的文化接触既可能是自愿的，也可能是非自愿的。它有多种途径，既可以是战争、纠纷、军事占领、殖民统治的结果，也可以通过传教士或文化交流进行，还可以通过移民、贸易、技术交流或劳务输出、旅游这样的方式产生。

最初的人类学家所进行的田野考察通常是一个较原始的文化群体与发达文化群体接触而改变其习俗、传统和价值观等文化特征的过程，带有殖民主义的陈腐气息，它基本限于一种进化图式和特定媒介的传播史。人类学家看到，大范围的文化传播是由于政治上具有优势的群体的竞争、实用主义动机，有时是出于胁迫所造成的。在绝大部分情形中，文化净流（net flow）的方向总是由强者流向弱者，最后导致种族群体或土著居民被强势文化改造并同化。他们认为同化是进步的现象，落后的文化群体自然地吸收先进文化中的文化特质，慢慢丧失自己的文化特征，这一过程呈现的是一种主导文化的支配性关系，甚至是一条要么同化要么灭亡的道路。在美国，大多数土著部落都已通过涵化被同化，而另外一些土著则遭遇了灭顶之灾。同样，侵入拉美地区的葡萄牙和西班牙殖民者，也摧毁了大部分当地的印第安文化。

文化适应研究的进路

但是雷德菲尔德、林顿和赫斯科维茨（R. Redfield，R. Linton & M. J. Herskovits）则采取了平视的角度，在文明人的压倒之势中看到文化双方都可能发生变化，他们对文化适应的定义是："由个体组成，且具有不同文化的两个群体之间，发生持续的、直接的文化接触，导致一方或双方原有文化模式发生变化的现象。"① 这成为经典诠释并为学界沿用至今。他们看到移民的涵化受到共性、专业性和选择性的影响。共性是指全体社会成员都具有的属性。通过共性可以考察移民的涵化状况。专业性和个体从事的工作有关，是指某个公认的社会角色。选择性是指某些个体独有的特性，它更具特色和灵活性，体现在对文化有选择地接受的同时仍然保留着原来国家的习俗。② 由此看到，这一定义最初完全从群体层面来定义"acculturation"。个体的变化并没有包括在内。

后来美国社会科学研究委员会（The Social Science Research Council）也从群体层面详细具体地讨论了文化适应理论。在他们写的暑期研讨会备忘录中，文化适应被定义为"两个或多个自立的文化系统接触而产生的文化的变化"。这里的"自立的文化系统"（autonomous cultural system）由"边际维持机制"（boundary-maintaining mechanisms）、"内部灵活性"（flexible v. s. rigid system）和"自我完善机制"（self-correcting mechanisms）等

---

① R. Redfield et al. , "Memorandum on the Study of Acculturation", *American Anthropologist* 38 （1936）：149 - 152. 在汉译人类学著作中，该概念一般翻译为"文化涵化"。

② 〔美〕史蒂文·瓦戈：《社会变迁》，王晓黎等译，北京大学出版社，2007，第 75 ~ 76 页。

因素得以保持。① "自立的文化系统"指的是完全的、在结构上独立的系统，不依赖于另一个大系统而生存。备忘录把文化适应看作是传播的结果，认为研究文化适应必须考察互相联系的若干方面，如不同文化体系、文化接触状况、文化间的联系、由文化系统之间的联系而产生的文化变化过程。一般而言，两种接触的文化很少能在同等程度上相互融合。对于文化系统而言，如果其界限维持的机制强、内部结构和自我完善机制严格，那么在适应过程中的变化就会较小。相反，那些政治上处于从属地位或技术上的弱势群体一般界限维持的机制弱、内部结构灵活、缺乏有效的自我完善机制，在适应中容易产生变化，甚至被同化。

在理论上，文化适应强调一方或双方原有文化模式产生的变化，也就是相互的影响。然而由于实力和权力的不对称，这种影响更多地体现在支配性的强势方对受支配的弱势方的影响，甚至很长一段时间弱势方的影响力完全被忽视和无视，他们被认为是文化适应过程中唯一产生变化的一方，是被同化、吸纳的一方。

在文化适应概念提出之后的一段相当长的时期内，许多社会学家把文化适应等同于文化同化（assimilation），在措辞上，他们倾向于使用文化同化一词。社会学者对移民、少数裔族群比较感兴趣，并认为这些群体终究会同化到主流社会之中。这些学者最初对"文化同化"的诠释也同样带有社会达尔文主

---

① The Social Science Research Council Summer Seminar on Acculturation,
"Acculturation：An Exploratory Formulation"，*American Anthropologist*
56（1954）：973 – 1002.

义的色彩。其中最负盛名的论著是美国社会学家戈登（Gordon）的《美国生活中的同化》，在该书中文化适应一词（acculturation）被视为文化同化的第一个阶段。

戈登认为文化适应就是移民被东道国主流文化同化的过程。他区分出文化同化的七个不同的阶段：第一，文化适应（acculturation），包括接受东道国的语言、穿着、习俗、价值观等典型的文化特征；第二，结构性同化（structural assimilation），在这个阶段移民与东道国成员或组织建立起了联系；第三，联姻性同化（marital assimilation），表现为与东道国成员通婚；第四，身份认同的同化（identification assimilation），这一阶段移民对东道国主流社会的文化身份开始认同，并产生归属感；第五，态度接受性同化（attitude reception assimilation），表现为移民对东道国社会和主流文化群体不再抱有偏见；第六，行为接受性同化（behavior reception assimilation），其特点是行为上不再有偏见和歧视；第七，公民性同化（civic assimilation），其特点是移民不再在价值观和权力上与东道国主流社会群体抗争，而真正成为主流社会的一分子。[①] 戈登指出文化适应者经历了"结构性同化"才更有可能会促使其他形式的文化同化的发生，这一过程可能要历经几代人。显然戈登的文化适应同化论忽略了文化适应者和东道国之间的互动影响，并将其视为直线式的发展过程，是一种单维度的文化适应方式。

时至今日，一些国际机构对"文化适应"一词的诠释仍是

---

① M. M. Gordon, *Assimilation in American Life* (New York：Oxford University Press, 1964).

文化同化论。如国际移民组织（the International Organization for Migration, 2004）把"文化适应"定义为：某一文化中的个人，群体或阶层对外国文化中的价值观、规范、行为、制度等渐进的吸收和接纳。实际上文化同化和文化适应并不是近义词，而是子集的关系。文化同化只是文化适应的一个方面或其中的一种方式。不同文化的接触也可能引起抗拒或抵抗。特斯克和尼尔森（Teske & Nelson）认为文化适应和文化同化是两种截然不同的过程。① 文化适应是双向的、相互作用和影响的，而文化同化是单向的。而在贝利（Berry, 1990, 1997）那里，同化只是四种文化适应策略（整合、同化、边缘化和分离）其中之一，是不同种族群体多元并存的方式之一。如今学者们普遍认识到文化适应是一个双向的变化过程，但对其中的一部分学者而言，文化适应归根到底还是文化同化，被收编到主流文化之中。在金洋咏（Young Yun Kim）的理论框架里，"acculturation"是指在适应新的文化情境的过程中"对新文化的学习和接纳"，它与"deculturation"（对源文化的去除）相对。在两者共同作用之下，文化适应的最后结果就是文化同化。②

在文化适应的相关研究中，我们会经常看到"适应"这一关键词所对应的不同的英语表达"adaptation"，"adjustment"以及"acculturation"。在金洋咏的研究中，她把"adaptation"界

---

① R. H. C. Teske & B. H. Nelson, "Acculturation and Assimilation: A Clarification", *American Ethnologist* 1 (1974): 351 – 367.

② W. B. Gudykunst & Y. Y. Kim, *Communicating with Strangers: An Approach to Intercultural Communication* (4th ed.) (Shanghai: Shanghai Foreign Language Education Press, 2007), p. 360.

定为"在一种文化中已经完成了初级的社会化过程的个体，在一种新的不熟悉的文化中直接接触他文化，继续拓展自己的过程中所发生的变化"①。她所构建的跨文化适应论（cross-cultural adaptation）研究的是：重新生活在一个陌生的社会文化环境中的个体，竭力建立和保持与环境的一种相对稳定、互惠和功能性的关系的过程。②

但在贝利（John W. Berry）那里，"adaptation"只是"acculturation"过程中，个体在心理上和社会文化上最后阶段形成的长期相对稳定的适应状态。③ 它是适应的结果，可能很好地应对新生活或完全不能再生存下去。至于"adjustment"则带有"调整"的意味，古迪昆斯特（William Gudykunst）使用的是"intercultural adjustment"（跨文化调整）一词④，其实这一术语和金洋咏的"cross-cultural adaptation"概念基本一致。一些跨文化心理学研究者试图区分"adjustment"与"adaptation"的不同之处，但并没有达成共识。沃德和同事们（Searle &

---

① W. B. Gudykunst & Y. Y. Kim, *Communicating with Strangers：An Approach to Intercultural Communication*（4th ed.）（Shanghai：Shanghai Foreign Language Education Press，2007），pp. 359 – 360.

② Y. Y. Kim, "Inquiry in Intercultural and Development Communication", *Journal of Communication* 55（2005）：554 – 577.

③ J. W. Berry et al., *Cross-cultural Psychology：Research and Applications*（2nd ed.）（New York：Cambridge University Press，2002），p. 345.

④ W. B. Gudykunst, "An Anxiety／Ncertainty Management（AUM）Theory of 'Strangers' Intercultural Adjustment", in W. B. Gudykunst, ed., *Theorizing about Intercultural Communication*（Thousand Oaks：Sage Publications，2005），p. 445.

Ward）认为"acculturation"指的是文化群体与东道国文化直接接触的过程和状态；而"adjustment"则是"acculturation"过程中所产生的后果，它更侧重情感上的满意度以及社会文化和行为上的相应调整。[①] 所以他们最初制定的心理和社会文化适应量表（psychological and scio-cultural adjustment scale）使用的是"adjustment"一词，然而在他们的后续研究中逐步用"adaptation"一词替代了"adjustment"（Ward & Kennedy），归入了贝利的用词范畴。[②]

另外，"acculturation"一词在北美学界普遍使用，而英国的人类学家及受其影响下的亚洲、大洋洲学者经常使用另一个概念相当的词——文化接触（culture contact）。在法语文献中"interculturation"也是与"acculturation"词义相近的另一用语。它指文化各异的个人和群体在交流中所产生的特定机制（如一种新文化的产生），但是对这种新文化或"第三文化"的研究在"acculturation"中并不是重点。

可以看到，文化适应所对应的不同英文术语的差别，实际上"acculturation"的概念涵盖了"intercultural adjustment"和"cross-cultural adaptation"，后者主要研究移居到新的社会文化环境的跨文化个体（即移居者）的文化适应状况。而前者既

---

① C. Ward & W. Searle, "The Impact of Value Discrepancies and Cultural Identity on Psychological and Sociocultural Adjustment of Sojourners", *International Journal of Intercultural Relations* 15 (1991): 209 – 225.

② C. Ward & A. Kennedy, "The Measurement of Sociocultural Adaptation", *International Journal of Intercultural Relations* 23 (1999): 659 – 677.

包括了移居者，也包括了定居者。值得注意的是，对这些术语不同的诠释呈现出学者们不同的学术思维取向和研究重点。

第二节 "文化"诠释及其研究理路

文化适应研究考察的是不同文化个体和群体间广泛、深入的直接接触所产生的相互影响和变化。文化是其中的一个关键词，而文化是一个极为庞杂、包罗万象的概念，几乎可以和社会生活等量齐观，人们很难从某一具体的层面去概括它的全部内容。实际上，学者们对"文化"的不同理解形成了他们不同的研究理路。

从西方词源学来看，"culture"一词来源于拉丁文"cultus"，这一词根后来又演变为"cultura"，在拉丁文里它有如下七种解释：耕作，培育；敬仰，崇拜；宗教组织；生活的改善；服饰等外观特征的表现；劳作方式；培养和教育。[①] 这些意义可以概括为三个方面：第一，它包含物质层面的成分，比如耕作、劳作方式、服饰外观等；第二，它含有精神层面的成分，比如敬仰和宗教崇拜；第三，它是变化的，是通过培养和教育习得的。古罗马著名哲学家西塞罗曾说"cultura animi philosophia est"，意思是："文化是心灵的哲学（或修养）"。在西方早期的哲学论辩中，文化（culture）一词作为自然本性（nature）的对立面而出现，认为文化是人创造的东西，作为一种人类社会的历史现象，它有其普遍的发展过程，即有其产

---

① 维基在线电子词典，http：//en. wiktionary. org/wiki/cultus。

生、存在、积累、传递和发展的过程，并存在于多维空间和一维的时间之中。在汉语中，文化是"文治"与"教化"的合称，在中国古人的认识中，文化指以"文""化"人的过程，其中的精神内涵远远大于物质内涵。冯天瑜先生认为："文化的实质性含义是'人类化'，是人类价值观念在社会实践过程中的对象化，是人类创造的文化价值经由符号这一介质在传播中实现的过程，这一过程既包括外在的文化产品的创造也包括人自身心智的塑造。"①

美国人类学家克鲁伯和克拉克洪（Kroeber & Kluckhohn）总结了160多条对文化的定义，给出了一个综合性的解释：文化是通过符号获得、传播的显性和隐性的行为模式，它包括：具体的人工制品（食物、服饰、工具、建筑等）；建立在代码和规范体系上的明显的行为（语言、社会角色和仪式等）；基本的态度、信念和价值观。② 在这里，文化体系一方面可以看作是行为的产物，另一方面又是进一步行动的制约因素，它突出了文化的整体性、历史性和系统性，强调了价值观在文化中的重要作用。

可以说，文化既是物质层面的，同时也是精神心理层面的，也就是说，文化的核心是心理，这些主观的、内在的信仰、观念、审美方式、道德标准等是文化的核心部分。由此，文化适应心理学研究应该把文化与人格的关系分为两个命题：

---

① 冯天瑜：《文化守望》，武汉大学出版社，2006，第26页。
② A. L. Kroeber & C. Kluckhohn, *Culture: A Critical Review of Concepts and Definitions* (New York: Vintage Books, 1952).

"文化中的人格"（personality in culture）以及"人格中的文化"（culture in personality）。这两个命题分别对应了两种理论观点——个体心理学观和文化心理学观。个体心理学观认为人格特质具有跨文化的普遍性，可以将它们作为理解和预测所有文化中人行为的基础。而文化心理学观则认为个人高层次的心理过程由文化塑造，它们只能在社会实践所形成的实体中展开描述，很难得出普世性的结论。① 然而，西方盛行的主流心理学者更多地专注于人类心理学研究中更靠近生理一端的个体心理学探究，认为自己的研究结论反映的是全世界、全人类的共同规律。

在这一学术背景下，约翰·贝利（John Berry）等学者虽然认为人类行为与其特定的文化语境密不可分，孜孜以求的却是一个更具普遍意义的、可以在更多文化中适用的文化心理。这些学者笃信：人类基本的心理过程和潜力（psychological process/capacity）是一样的，比如我们有相同的感知、学习和分类的潜力。植根于这一过程发展出来的能力、态度、价值观因文化的不同而有差异，而实际的表现（performance）不仅依赖于能力（competence）而且受到很多情境因素的影响。他们认为存在着跨文化的心理和行为的基本规律以及基本的心理活动和过程，而文化影响的只是心理特征的发展和行为表现。通过研究不同文化中人的态度和行为最终可以发现普遍的心理过程。

---

① 钟年、彭凯平：《文化心理学的兴起及其研究领域》，《中南民族大学学报》（人文社会科学版）2005 年第 6 期。

　　在他们建构的文化适应研究总括性的框架中，我们可以看到文化、心理及其相互关系图（见图2－1）。在关系图中，文化是独立于个体的客观世界，文化环境影响到个人心理。在文化层面，研究者需要了解相互接触的两个文化群体交往前的特点、跨文化交往的性质，以及随后两个文化群体内产生的变化，这需要群体层面种族志的广泛考察和社区层面的研究工作。在个体层面，需要考虑个体的心理变化和最终他们对新环境的适应情况，这需要在整个过程中对不同个体进行人口取样研究。这种全面的考察很难完成，在实际研究中，文化适应心理学者一般考察的是"文化中的人格"，即文化环境中个体的个性特征遇到文化差异时产生的精神心理上的变化（如焦虑、抑郁等压力问题）。他们着重研究文化环境如何影响（或没有影响）特定的心理变量，文化于是成为自变量并在其中测量个体/心理因变量。虽然，他们也强调在不同

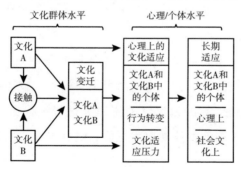

图2－1　文化适应心理学研究总括性的框架

　　资料来源：J. W. Berry et al., *Cross-cultural Psychology: Research and Applications* (New York: Cambridge University Press, 1992), p. 12。

文化适应研究的进路

政治经济文化生态中人的心理和行为有其差异性和特殊性，但是他们的研究理路主要是致力于探究不受文化环境影响的、普遍的心理过程，但在普适性的求答中目前并没有找到令人信服的答案。

在西方，对文化的解释最早是从人类学开始的，其中的经典定义之一来自人类学家爱德华·泰勒（Edward Burnett Tylor），他在其 1871 年出版的《原始文化》（*Primitive Culture*）中首次把文化作为一个中心概念提出来，并且将它的含义表述为："一个复杂的集合体，它包括知识、信仰、艺术、道德、法律、风俗，以及其他从社会上习得的能力与习惯。"① 这一定义把文化视为特定生活方式的整体，是所有宏大观念的总和。这一定义暗示着：文化不是人们天生的生物属性，它基本上是后天习得的。这一文化包罗万象的观点反映了人类学者对文化的整体性的看法。

社会人类学家墨菲认为，文化是不同社会独具一格的生活风尚的特征。② 他的定义凸显了文化间的差异性。生活方式的差异是区别文化的重要特征，而差异通常是通过比较得出的。整体观和比较法是人类学中的两个主要概念。整体观推进了对宏大场面的理解，因为仅仅关注细节很容易失去对整体的把握。而比较法则使整体观成为可能，没有比较我们就会迷失在

① E. B. Tylor, *Primitive Culture: Researches into the Development of Mythology, Philosophy, Religion, Art and Custom* (New York: Gordon Press, 1974), (First published in 1871).

② 〔美〕罗伯特·墨菲：《文化与社会人类学引论》，王卓君译，商务印书馆，2009，第 109 页。

无数的细节之中，通过比较才能发现文化之间及其内部的相似性和差异性。

如今的人类学家则认为，文化是一个共享和协商的意义系统，这一系统是由人们通过阐释经验和阐释行为而习得，并在社会实践中所获知。[①] 它是社会群体的存在方式，形成、维系与其他群体的界限并且不断重构。于是，人类学者让自己融入他文化的内部，在参与式观察中获得文化交流的特殊体验，在日常生活中理解文化的感知与冲突，通过田野笔记和访谈对文化群体进行"深描"（thick description），形成对文化与传播行为的关系的整体理解。[②] 随着后现代主义理论的兴起，当代人类学者停止了把文化本质化、笼统归纳的做法，更多地在社会文化语境中考察文化规则的模糊性，并把"文化"视作个体在当地社会中的活生生的体验（lived experience）而不是群体的所有物。人类学典型的研究方法是田野调查（fieldwork）和民族志访谈，通过细致的参与性观察、采访、互动和日常交往抓住某个文化的实在。

跨文化传播学奠基人爱德华·霍尔（Edward T. Hall）曾是文化人类学博士，他的开山之作《无声的语言》（*The Silent Language*，1959）完全承袭人类学而来，并在书中首次提出了跨文化传播（Intercultural Communication）这一术语。20 世纪50 年代初他在美国外事服务学院（FSI）任教，外事服务人员

---

① 〔美〕卢克·拉斯特：《人类学的邀请》，王媛、徐默译，北京大学出版社，2008，第 52 ~ 53 页。

② 单波：《跨文化传播研究的心理学路径》，《湖北大学学报》（哲学社会科学版）2006 年第 3 期，第 9 ~ 11 页。

文化适应研究的进路

对理论性的、民族志的人类学考察没有耐心，学员们告诉霍尔，从人类学角度单个地了解派驻国文化用处不大，他们想要知道不用文化间的差异，他们需要霍尔针对异国他乡的社会环境对存在的跨文化传播问题给出切实的建议。于是霍尔被学生们推向一条实用主义的研究道路。霍尔认为文化即传播，传播即文化。任何一种文化主要是一个创造、传递、储存及处理信息的系统。

霍尔认为，观察者们可以建立"客位研究"（etic）分类来进行文化比较，由此他创建了不同的交流类别，如"高语境"的间接方式与"低语境"的直接交流方式等。于是在跨文化的研究和外事服务人员的培训中，他从研究文化的宏观层面转向了微观层面，把文化看成是一个由文化元素、集合与模式构成的层级系统（其中包括十个子系统，横纵轴相交就构成一百个基本的文化模式）①。霍尔把文化的概念从宏观考察（macro perspective）的角度转移到对文化表征的微观分析（micro perspective）和比较上来，并将文化的概念延伸到传播领域，这个延伸使得跨文化传播学与人类学民族志研究分家并转向了量化为主的实证研究之路。文化这个包罗万象的概念在他这里被细分为不同的研究维度：手势、时间、空间的使用等非言语项目，高低文化语境等方面。霍尔和语言学家特雷戈尔（George Trager）为此研发出跨文化交流培训项目，他们开创的这一先河使整个跨文化传播研究在策略上追求实用主义的方

① 详见〔美〕爱德华·霍尔《无声的语言》，何道宽译，北京大学出版社，2010，第150~151页附录。

法。于是各种跨文化交流培训班如火如荼地在世界各地创办起来，但是教人了解文化差异并不一定能使他们成为有能力的跨文化交流者。

爱德华·霍尔一生致力于跨文化的国别研究，推出了《隐蔽的差异：如何与德国人打交道》（*Hidden Differences：How to Communicate with the Germans*）、《隐蔽的差异：如何与日本人做生意》（*Hidden Differences：Doing Business with the Japanese*）、《理解文化差异：德国人、法国人和美国人》（*Understanding Cultural Differences：Germans，French and Americans*）等著作，客观上为美国的全球化策略服务。实际上，只在国家层面讨论文化或只在国别层面研究文化适应问题是不合适的。它隐含着这样一个悖论：一个国家内部的文化是一致的、共享的，只有和他国比较才能显示出差异性。其实不同国家文化之间的异质性未必比国内不同阶层和种族之间的差异更明显。那么文化适应问题的研究当然也不应只拘泥于跨国的文化交流者。

当然更多后继的跨文化传播学研究者，如古迪昆斯特和金洋咏等（Gudykunst，Kim etc.）看到了国家文化中的亚文化（subcultures）或共文化（co-cultures）群体以及文化内部的差异性，并对他们的文化适应状况进行了考察。但问题是他们虽然认识到了其间的差异性，却忽视了其中的社会权力因素，只关注到亚文化群体融入主流文化的问题，却忽略了亚文化与主流文化之间的协商和抗争。跨文化传播领域的众多学者，如霍夫斯泰德、古迪昆斯特等基本上是把文化差异界定为先验的现象，把文化表征当作变量进行静态的比较和分析，以此来预测跨文化交流者的行为。他们普遍认为文化现象能够被发现并以明确持久的方式被分类。在此领域的跨文化培训普遍使用行为主义的学习理论，以文化同化为导向罗列出目标文化中"应做与不应做"的行为准则，以期改善跨文化传播者的文化适应能力，但这与一个人如何适应不同文化没有必然联系。

跨文化传播学领域另一个有代表性的文化定义是：为了提升个人和社会生存能力，增强适应能力，以及成长和发展，一代代传承下来，并通过后天习得的共同行为。它有外在形式（艺术品和等级制度）和内在形式（如价值观、态度、信仰、感知方式、思维模式以及认识论等）。① 于是在萨默瓦和波特那里，文化成为知识、经验、信仰、意义、态度、价值观、社会等级、宗教、时间观念、空间关系、物质、宇宙概念等的集合体。也就是说，大部分跨文化传播学者在研究那些具体的、先验性的文化表征。

英国文化研究学者约翰·斯托雷（John Storey）认为跨文化传播学领域对"文化"的定义很值得商榷。把文化视为所有形式的人类活动，它包罗万象、过于宽泛，完全是"社会"这一概念的重复。如果认为文化即传播，传播即文化，则是没有在社会行动中找到传播的位置，也没有看到文化如何被社会实践制约又如何使社会实践成为可能。他认为跨文化传播学者应借鉴文化研究学者的定义：文化是在特定社会实践中形成和

---

① 〔美〕拉里·A. 萨默瓦、〔美〕理查德·E. 波特：《跨文化传播》，闵惠泉等译，中国人民大学出版社，2004，第60页。

表现出的具体的意义之网。①

　　跨文化传播学者弥尔顿·贝尼特（Milton Bennett，1993）认为应该从语境和建构主义的角度定义文化。他坚持文化的非物化观，认为文化体系并非是先验性的，它并不规定或决定一种文化中的个人行为，而是营造出一种产生某些感知和行为的相关环境，是协调特定群体成员行为的过程。科里尔和托马斯（Collier & Thomas）等有着同样的共识，他们不同意那种把文化表征看作是独立的变量和先验性的事物，认为文化是人们为了适应共享和协调的系统，在社会互动中不断阐释自我和他者的经验。② 就文化适应研究而言，学者们也应该在特定的社会实践中考察被分享、有抗争、有变化的意义之网，研究跨文化交流者间互动构成的话语文本（discourse text）所呈现的意义。但是，目前这一解释学路径的文化适应研究在跨文化传播领域还有待开展。

　　社会学家彼得·伯格和托马斯·卢克曼（Peter Berger & Thomas Luckmann）在对现实社会进行分析时，认为它有双重属性，即"客观事实"和"主观意义"。那么，在界定"文化"时，我们也应区分"客观文化"和"主观文化"。文化的确有客观的事实性，那些显性的、外在的行为模式、政治经济

---

① 〔英〕约翰·斯托雷：《跨文化传播中的"文化"：一种批评的视角》，第六届跨文化传播国际会议的主题发言，武汉，2011年12月18日。

② M. J. Collier & M. Thomas, "Cultural Identity: An Interpretive Perspective", in Y. Y. Kim & W. B. Gudykunst, eds., *Theories in Intercultural Communication* (Newbury Park: Sage Publications Inc., 1988), pp. 99 – 120.

体制、社会制度、风俗、艺术、音乐等都是"客观文化"。而"主观文化"则是"文化中人"在社会中得到的现实体验，它在人类活动所能表述的主观意义中建构起来，包括那些隐性的、内在的价值观、态度、思维模式等等，它是共享和协商的意义体系。可以说，文化适应研究的焦点应该是在变化中的主观文化。

孤立地看，学者们不同层面的分析导致了他们对"文化"的不同理解、截然不同的研究理路，并使得他们之间的研究和应用各行其道，似乎无法衔接。其实在一定程度上，他们的考察对于了解文化适应现象都是有益的。当我们解释、分析个体的主观文化时，客观文化的普遍性也应该试验性地作为分析的起点，它让我们获得了对文化模式的一般性的认知。虽然这些分析在不同层面进行，但它们并非彼此截然分立而是辩证的存在。客观文化经过社会化而被个体内在化，而主观文化通过角色行为被外在化。由此，在不断循环往复的自我参照和互动过程中，文化体系逐渐建构起来。

第三节 研究对象："他者"的视野转向

最初文化适应研究的对象是被殖民的"他者"，他们通常被视为蒙昧的、原始的未开化种族。这些文化异类被殖民者、传教士、探险家等描述在地方档案里，这些报告绝大部分由占领者、文明的代表写成，这也许是最早的民族志形式。一些17世纪、18世纪、19世纪的探险者、传教士以及管理者，对那些"原始人"的实践活动进行了丰富的描述，这些观察者的基督教价值观很明显。由此产生出的人类学家出于博物学兴趣对这些未开化的种族展开考察，并努力为殖民管理者提供更好的理解。这一时期的人类学家和社会学家形成了一系列关于"原始"文化的演绎假设，这是一种预想的、以西方为中心的理论框架。有关文化和文明发展的研究假定文化有三个进步的、不可逆转的阶段：原始状态（savagery）、野蛮状态（barbarism）和文明阶段（civilization）。世界上的民族和文化可以按照时间排序，从而形成"人类的伟大链条"，被对应到这些阶段的民族与一种肤色—文化（color-culture）等级的历时的、线性分析相对应。它标示出人类社会从原始文化状况过渡到现代文明的过程，充满了西方民族中心的偏见。当然，佛朗茨·博厄斯（Franz Boas）等人类学家对此提出了尖锐的批评，指出了这种姿态强烈的种族中心主义色彩，相信不同形态的人类都能达到同等的文明，并认为文化只能在其自身环境中被了解，即众所周知的"文化相对论"。根据这一原则，他的学生玛格丽特·米德（Margaret Mead）和露丝·本尼迪克特（Ruth Benedict）开创了著名的民族志学。

人类学家观察到，殖民过程中的强制同化导致了土著居民文化传统的遗失，信仰和行为规范的巨大变化。在实力悬殊的背景下，这些落后的初民文化没用多久就在文化适应的过程中寿终正寝。这一过程导致了土著文化传统的遗失及其信仰和行为规范的巨大改变，造成了心理创伤和社会性的灾难。于是人类学家又试图帮助原住民留存自己的文化，抵抗外来文化的威胁。于是，在殖民地区从事田野调查的学者一部分成为民族文化解放和反殖民起义的斗士，另一些尊重传统文化的自主权，希望通过非暴力手段回到他们被殖民化、西方化之前的状态。

当然在一些地方还存在本土的"他者"，在美国，他们是印第安人。19 世纪的美国西部拓荒期，政府为了扩张土地驱赶、清洗印第安人。这一血腥手段随着文明的进步遭到谴责，他们又采取设置保留区的办法获得更多土地，限定土著居民只能住在指定的保留区。这一做法使原住民被迫背井离乡离开了孕育其传统、习俗和信仰的一方故土，这就是典型的种族隔离的手段。美国印第安人的这种故事，也曾在澳大利亚等世界许多地方的土著居民身上上演。消灭和重新安置土著居民并没有实质性地摧毁他们的文化，也没有让他们接受欧美的文化标准。但是在现代化的进程中，通过基督教的教化和教育体系的力量，土著居民才逐渐改变了他们的生活方式，真正意义上的"去文化化"（deculturation）开始了。

20 世纪五六十年代，人类学家开始摒弃文化演进论，一个新的术语"不发达的"开始代替"原始的"一词的表述。在冷战时期，美国被认为达到了社会发展最高阶段的标准，其他的民族、文化和文明被假定为正向美国这个"第一位的新民族"的方向移动，或正遭到某种抑制、阻碍了其前进的步伐。美国的政治、经济和民主的社会秩序替代了早期关于文化演进的最终阶段的想象，并深刻地影响到社会科学研究者衡量人类"进步"程度的标准。在这一标准影响下，苏联以及那些"不发达"世界的民族和文化被视为了"他者"。此时的社会科学文献中包括了这样一些标题，比如海尔布伦纳（Robert Heilbroner）的《伟大的攀升》（*The Great Ascent*）等。以上的这些对"他者"的观察并没有包括在西方基督教的兄弟关系之中。

与此同时，人类学家、社会学者也在关注流动的、作为"市民"的他者，他们在这里开始了学科研究上的聚合。19世纪末20世纪初的美国，外来移民猛增，工业化全面展开，城市化进程迅猛发展，种族歧视、移民潮等成为突出的社会问题。这些移民、少数族群形成了许多新的族群聚居地和社区，并且把天主教、犹太教、佛教等不同宗教文化带到了美国，被解放的黑人以及这些新移民引起了较早定居下来的美国人的忧虑，他们担心美国新教文明未来的完整性，试图通过布道和社会福音工作把他们纳入进来。于是由当地教会、社团以及政府资助对这些"他者"进行统计、调查，并描述每一个群体在适应中存在的问题，并开始制订对他们的"道德改革"和社会适应计划。其中最为著名的是杜波依斯（Du Bois）的《费城黑人》（*The Philadelphia Negro*，1899）以及林德夫妇的中镇（Middletown）研究——《中镇：关于现代美国文化的研究》（*Middletown：A Study in Modern American Culture*，1929）和《转变中的中镇：关于文化冲突的研究》（*Middletown in Transition：A Study in Cultural Conflicts*，1937）。杜波依斯对费城黑人社区进行了大规模的统计调查，还组织了5000多例访谈，该书成为早期城市民族志的一个典范。该研究不仅仅是描述，而且试图通过教友派信徒到社区，改善费城黑人的生活状况。林德夫妇关心工业化的美国基督教社区的道德状况，在《中镇》一书中，他们在谋职、成家、生儿育女、休闲、宗教及社会活动这六个方面对中镇居民的道德观和精神状况进行了考察。《转变中的中镇》考察了大萧条时期中镇的变化，该书把社会学的焦点从宗教价值转向了政治价值。人类学家眼中的"他者"找到了进入社会学实践的路径，那些曾经被视为市民的"兄弟"变成了"他者"。

在林德夫妇原创性的研究之前，由斯莫尔（Alboin W. Small）领导的芝加哥大学社会学系学者们力图寻求一种社会学方法来研究芝加哥新的种族和宗教聚居区的居民，其中最有代表性的有伯吉斯（Ernest Burgess）、帕克（Robert Parker）以及帕克的女婿雷德菲尔德（Robert Redfield）等。对于帕克而言，一个由"他者"组成的城市来说，少数族群聚居区是它固有的特征。他把城市当作一个社会实验室，因为它具有多样性和异质性，包含了不同种族及其不同的生活方式和相互对抗、对比鲜明的世界观。帕克认为城市由一些马赛克式的社区组成，这些贫民窟、少数族群聚居地、移民区被称为城市的"自然区域"（natural areas），它们之间有着显著的区别，并在城市中有着自己的生态位（ecological niches），在这里生活比其他地方更自由、更冒险、更孤独。帕克的"自然区域"概念替代了基督教对城市中"非教会地区"的关注。

在城市化进程中，乡村社区、小城镇同时成了与工业社会相对的"他者"概念。如同初民社会，学者们对"农民社会"的研究发现，在现代化进程中农民们也被深深卷入世界市场经济和现代国家的政治轨道之中，正丧失其半自主的地位，农夫的"桃花源"被高速公路和机场划得支离破碎，大众传播加强了文化的渗透。城市已扩展到农村，而乡民也进入城市。20 世纪 40 年代后，人类学家开始关注城市中的移民和少数族群。在这一历程中，人类学者的文化适应研究逐渐摆脱了博物学、殖民主义和社会达尔文主义的羁绊，并且和社会学开始了学科研究的合流，他们长期与城市他者一起生活，了解他们的关切点和日常困扰。民族志研究通常要求考察者长期与当地人生活在一起，通过自身的切身体验获得对他文化的理解。它最初的重点放在如何从观察资料中挖掘出当事人的观点和态度，认为存在着客观的现实，即便它涉及他者的主观世界。但在20世纪60年代以后，研究者意识到研究的主体间性，民族志不仅仅是对客观事实的了解，而且也是相互建构意义、共同理解的过程。在后现代的今天，他们看到研究永远不可能客观、中立，开始对语言、政治、历史进行反思，并采取了一种"视情境而定"的态度。

　　就研究对象而言，人类学者更关注定居者（种族群体、土著居民）。一直以来，他们研究文化适应现象的旨趣更多的在于考察现代化和西方文化对社会中的原住民、少数裔种族群体、农业社会、非西方民族的影响，他们关注边缘的、生存受到威胁的文化群体，以记录和保护文化多样性为使命。西方主流社会本身很长时间以来并没有列入民族志考察的对象之中。在当今全球化的语境中，跨文化交往中的移居者（移民、游客或散居者等）也越来越多地进入了当代人类学家的研究视野，并被纳入20世纪60年代晚期兴起的族群性（ethnicity）研究和身份政治学研究的一部分。① 一些人类学家（Olwig，

---

① 20世纪60年代以来，"族群"这一术语很大程度上取代了过去"部落"一词，人类学不再按照严格的地域界线区分"我们"和"他们"。

1993；Baumanm，1996；Lofgren，1999 etc.）对这些移居者的文化适应现象进行了考察、描述和解释，因为他们认为，这些对象没有组成自治的系统却能隔离出来进行分析，其中族群文化身份是一个重要的议题。①

当然，心理学者也关注到城市中流动的移居者。1903 年的美国人口统计发现，医院的病人中，有 70% 的人是移民，虽然他们只占全国人口的 20%。后来，美国精神疾病研究机构又在全国范围内进行了更为复杂的流行病学调查，同样发现住院患者中移民的比例较高这一事实。这引起了精神学、心理学研究者对移民进行研究的兴趣，因为在他们看来，这些群体无知、不讲卫生，容易生病、精神错乱甚至犯罪。② 这一社会问题也引起了心理学家普遍的关注和进一步的考察和研究。

可以看到，心理学、社会学研究者重点关注的"他者"是少数裔种族群体和流动的移居者，特别是移民和旅居者群体。这些移居者被认为是社会问题的始作俑者，对主流社会构成了威胁。直至今日，这种观念仍非常普遍，并在社会政治层面蔓延。有些西方学者认为，他们现在不是面临外国军队和坦克的侵略，而是遭到操不同语言、信奉异端宗教，另类文明之异域移民的"侵犯"。这些"他者"的涌入，可能抢走本土公

---

① 〔挪威〕托马斯·许兰德·埃里克森：《小地方，大论题——社会文化人类学导论》，董薇译，商务印书馆，2008，第 399 ~ 400 页。

② F. W. Rudmin, "Field Notes from the Quest for the First Use of 'Acculturation'", *Cross-cultural Psychology Bulletin* 37（2003）: 24 – 31.

民的工作，占据土地、瓜分福利，并迫使本地人改变习以为常的生活方式。① 以"文明的冲突论"而著称的美国学者亨廷顿（Samuel P. Huntington）在其著作中以墨西哥人为主的西班牙裔移民为例，分析了这些"他者"对美国语言、信念、道德等核心文化所形成的挑战。他指出，外来移民对美国国家安全和文明体系已经造成严重威胁。虽然从经济增长、人口红利以及保持国际地位和影响的角度吸纳移民大有好处，但同时国家也为此付出高昂的代价——政府服务开支增多，就业机会减少，原有的工人工资、福利下降，社会两极分化，因此在当今世界上，社会安全的最大威胁来自移民。②

在欧洲，异类恐惧症和种族歧视仍然相当普遍，世界贫穷地区的移民被视为东道国社会中个人和社会安全的威胁因素，多达 2/3 的欧洲人仍对移民有地缘政治上的偏见。③ 这些流动的群体是社会潜在的不安定因素，代表着深不可测的"流动空间"，深藏不确定性的根源，他们触及了有限资源的争夺和再分配问题。如今社会流动与社会适应研究仍然是国内外社会学主流研究的重要论题，移民/族群研究所占比例最高，占 1/4 强。他们从人口迁移的动因和移民网络、连锁因果、迁移文化、世界体系及多元文化论等理论探讨移民的延续、社会融入

---

① M. Weiner, *Global Migration Crisis*: *Challenge to State and to Human Rights*（New York: Harper Collins, 1995）, p. 2.

② 〔美〕塞缪尔·亨廷顿：《我们是谁？美国国家特性面临的挑战》，程克雄译，新华出版社，2005，第 150~151 页。

③ 〔瑞士〕安托万·佩库、〔荷兰〕保罗·德·古赫特奈尔：《无国界移民》，武云译，译林出版社，2011，第 146 页。

问题。① 当代社会学家们正努力使社会学成为无权者的权力。

可以说，在 20 世纪 50 年代跨文化传播学创立之前，文化适应研究在人类学、社会学、心理学等其他学科领域已展开了持久的探讨。跨文化传播学始于"二战"后的美国，"二战"结束初期，美国向占领区派驻的官兵普遍遭受了文化休克，40～50 年代的留学生浪潮，60～70 年代的国际移民潮以及其间美国国内少数裔族群争取平等权利的运动使得跨文化传播学不断伴随现实的社会文化冲突而不断地发展、成熟起来，成为一门"显学"。此外，它的发展壮大与"二战"后美国的政治经济文化霸权在全球的拓展息息相关。跨文化传播学中文化适应研究最初考察的"他者"通常是跨国的移居者，主要是跨国的知识精英、社会精英和国际商务技术人士、军事人员、外交人员等，到了 20 世纪七八十年代才关照到移民和少数裔族群，一直以来，那些定居的种族群体和土著居民并没有纳入观察视野。

其实针对不同的研究对象，其问题导向和侧重面不尽相同。对于那些产生于原先在自治区域生活，集中居住的定居者（种族群体和土著居民），他们通常希望作为不同的社群与主流群体文化并存。② 而移居者中不同群体的诉求又各不相同，长期的移居者如移民和族群融入主流社会的动机强，他们身上文化适应所产生的变化贯穿其一生。对于移居者中的难民和避

---

① 李明欢：《20 世纪西方国际移民理论》，《厦门大学学报》2000 年第 4 期。

② 〔加〕威尔·金卡利：《多元文化的公民身份》，马莉、张昌耀译，中央民族大学出版社，2009，第 14 页。

难者，他们被迫离开自己的祖国，他们通常被视为"人类垃圾"不受欢迎，他们的处境堪忧却少有文化适应研究者关注。而对于短期的旅居者，他们最终返回祖国，这些文化旅行者所经历的文化适应体验是有限的，于是许多学者聚焦于文化休克现象和实用的应对策略，以缓解他们初到新环境的不适。

对于移居者（移民、难民、旅居者和寻求庇护者等）而言，他们失去了熟悉的生活指南，机会和不确定性并存，在心理层面产生了焦虑、不安、困惑与紧张，并在社会文化层面引起了冲突和矛盾。于是一些跨文化传播研究者一方面为消减彼此的不安使移民快速融入东道国主流文化之中；另一方面为旅居者编写了内容丰富的文化手册，为从事跨国贸易、市场开发以及从事教育工作的客户提出建议、提供培训，有意、无意中为当代政治权威维护其文化霸权、开拓国际市场出谋划策。而对于移居者中的边缘人群，如难民和寻求避难者等鲜有人关注和论及。所以，跨文化传播学中文化适应研究的理论与实践需要与人类学和社会学等相关研究进行对话，在对话之中看到自己的价值和缺陷。

第三章

个体层面的文化适应研究：多样化的文化个体与普适性的心理诠释

　　个体的需要与潜能是所有社会和文化现象的基础。对于任何广大的整体研究而言，个体都是出发点。文化适应是从具体的人开始的，它首先表现为人的心理问题。个体层面的文化适应研究主要考察文化碰撞过程中个人在情感（affective）、行为（behavioral）和认知上（cognitive）的变化，沃德（Colleen Ward）称之为文化适应研究的 ABC。贝利（John Berry）则把这些变化总结为行为上的转变（behavioral shifts）和文化适应压力（acculturative stress）的产生。它们成为学者们考察短期文化适应影响的兴趣点。对于长期的适应（adaptation）结果，则有心理上的和社会文化层面的变化。

　　个体心理层面文化适应研究的理论和实践得到了蓬勃的发展。其研究的核心问题是：探究文化适应的压力所在，进而找出应对压力的策略以最终适应新环境。研究者们从对跨文化个体在适应过程中所产生的病理和生理的症状着手，逐步认识到这一过程的复杂性、曲折性和积极性。这一层面的研究者认为，所有人类基本的心理过程是相同的，人类用同样的方式进行感知和推理，文化影响的只是一般性的情境因素。于是，他们试图追寻跨文化的、普遍性的文化适应过程及其认知、行为的相似性以解决文化适应不同文化个体的心理和社会适应问题，但在这一过程中没有找到有说服力的答案。

第一节 个体层面对文化适应模式的探寻

个体的文化适应问题主要在心理层面展开。20 世纪初的美国移民问题调查发现，移民存在较大的心理健康问题，患精神分裂症和忧郁症的人比例较高。研究者们看到移民丧失了传统的文化模式，在融入现代化社会的过程之中可能导致其人格分裂的问题，于是考察这些移民和少数裔的心理和精神病症成为心理学者的研究重点。20 世纪 50 年代到 70 年代所建构的文化适应理论大部分是关于移居者的心理病症及其心理波动的轨迹。

1955 年，利兹格德（Lysgaard）对 200 名获美国富布赖特（Fulbright）基金资助的赴美访学的挪威学者进行了考察。他发现，在美国居留时间少于 6 个月或多于 18 个月的学者比居留时间介于 6 到 18 个月的学者适应状况要好。利兹格德认为旅居者大体上经历三个阶段，即最初调整阶段（initial adjustment）、危机阶段（crisis）和恢复适应阶段（regained adjustment）。他指出，旅居者刚来到一种新文化中，处于"最初的欣快"阶段（initial euphoria），在这个阶段，旅居者与东道国居民间只有肤浅的接触。过了一段时间，当旅居者开始与东道国的居民建立人际关系时，开始出现语言障碍和文化冲突以及随之而来的挫败感、孤独感、困惑和误解。"新奇劲"被各种原因导致的焦虑和不安所取代。一段时间过后，旅居者开始在东道国结交朋友，逐渐熟悉了当地社会文化环境，情绪也从低谷逐渐攀升。① 于是利兹格德依据旅居者的适应状况描画了文化适应者情绪从高到低再到高的 U 形波动轨迹。

此曲线以时间为横轴，情感变化为纵轴，非常典型地描画了接触——冲突——适应的心理变化轨迹，它的理论外延与适用范围是旅居者。这些旅居者如果决定回国，重新回到阔别已久的祖国，还要经历一个类似的文化适应过程吗？于是葛勒豪夫妇（Gullahorn J. T & Gullahorn J. E., 1963）对 400 名旅法的美国留学生和 5300 名富布赖特（Fulbright）以及史密斯 - 曼德教育交流项目（Smith-Mundt）资助学者进行了跟踪考察，通过调查问卷和访谈，他们将 U 形曲线假说扩展为"双 U 形曲线假说"，又称"W 形曲线假说"（见图 3 - 1）。该曲线描述了留学生和访问学者所经历的文化适应和再适应的过程。"U 形曲线假说"和"W 形曲线假说"假定了时间变量与心理适应状况之间的关系，这是否一个伪命题，在下面的章节中笔者会做进一步的论述。

----

① S. Lysgaard, "Adjustment in Foreign Society: Norwegian Fullbright Grantees Visiting the United States", *International Social Science Bulletin* 7 (1955): 45 – 51.

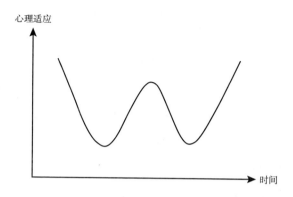

图 3 – 1 文化适应 W 形曲线图

资料来源：J. T Gullahorn & J. E. Gullahorn，"An Extension of the U-curve Hypothesis"，*Journal of Social Issues* 19（1963）：33 – 47.

W 形曲线假说让研究者关注到归国人员回到原籍国的再次的文化适应问题。当代的研究者称之为"逆向文化适应"（cross-cultural reentry）问题。多达 70% 的归国人员经历了与归国行为有关的强烈不适感，归国经历的困难与移居海外不同，更多的是心理上的挑战，这些挑战可能使归国人员的精神痛苦持续六个多月，强度可以达到临床水平。所以这一问题目前仍在进一步探讨中，研究者关注到了归国人员、返迁移民、第三文化的子女的心理和社会适应问题、文化认同问题以及应该采取的相关的扶持政策和措施。在理论分析框架上，逆向文化适应参照了情感、认知、行为方面以及相关文化身份的理论。从心理的健康幸福状况来看逆向文化休克研究，大部分验证了 U 形曲线。在认知方面，归国人员所面临的挑战超乎预期，他们的文化身份和归属感有变化，成功的东道国适应经验与成功的归国适应正相关。①

　　在曲线假说盛行之时，文化人类学家卡尔维罗·奥伯格（Oberg，1960）提出了"文化休克"（culture shock）理论，他认为初到海外的人一般在文化适应过程中要经历四个阶段：蜜月阶段（honeymoon stage）、沮丧或敌视阶段（frustration and hostile stage）、调整阶段（adjustment stage）、适应阶段（adaptation stage）。② 实际上，奥伯格的研究呼应了文化适应的 U 形曲线理论。

　　后来奥地利心理学家阿德勒（Adler，1975）描述了文化适应的五个阶段：接触阶段（contact phase）、分裂阶段（disintegration stage）、否定阶段（denial stage）、自主阶段（autonomy stage）、独立阶段（independence stage）。接触阶段类似于奥伯格所谓的"蜜月阶段"，个体与异文化接触的初期是兴高采烈的；在分裂阶段，个体在新环境中开始了现实的生活，体验到了文化冲击，感到消沉、紧张、沮丧和无助，甚至产生厌世自杀的情绪；否定阶段类似于奥伯格所谓的"沮丧或敌视阶段"，个体开始否定文化差异，对异文化开始产生强烈抗拒，并不时产生攻击的想法或对东道国文化采取防卫态度，把自己的痛苦归咎于他人；在"自主阶段"，个体不断增加对第二文化的理解和自主能力，开始建立一种客观、平衡没

---

① S. Betina, "Reentry – A Review of the Literature", *International Journal of Intercultural Relations* 34（2010）: 1 – 21.

② 奥伯格在 1954 年 8 月 3 日里约热内卢的学术研讨会上首次使用了"文化休克"（culture shock）一词，但相关文章直到 1960 年才公开发表。

有偏见的观点，跨文化交流能力得到提高，个体能比较自如地应付新的环境；在"独立阶段"，个体珍视文化间的差异，自我文化意识增强，表现出有创造性地适应新文化，于是个体在新环境中不仅能担负起社会职责，日常生活也变得从容自如。① 阿德勒认为文化休克只是一个过渡阶段，个人从较低的自我和文化意识过渡到较高的自我和文化意识，是一种自我了解、创造性的改造过程和体验。

文化适应是一个过程，那它必然具有阶段性。这些阶段论的价值是让我们意识到文化适应不仅仅是变化的结果，而是个体渐进的变化过程。但是另一方面，阶段论把文化适应视为线性的发展过程，没有关照到这一过程的反复性与曲折性。

在集中研究移居者在文化冲击中的精神和心理反应之后，20 世纪 70 年代开始，心理研究者们开始了压力源探究，即导致跨文化个体精神、心理疾患的相关原因。时至今日，以贝利引领的"压力、应对和适应理论"（stress, coping and adaptation）仍然是个体层面文化适应研究的主导方向和框架。它的核心问题是：找出压力所在，应对压力，最终适应新环境。个人心理层面的文化适应压力（acculturative stress）受到诸多因素的影响（见图 3-2），它包括群体变量（出身社会、客居社会和群体适应经历）和个体变量（适应前的影响因素、适应中的影响因素、行为的变化、压力和精神病理等）两个

---

① P. Adler, "The Transnational Experience: An Alternative View of Culture Shock", *Journal of Humanistic Psychology* 15 (1975): 13－23.

文化适应研究的进路

大的方面。① 研究者们试图找寻能够适用在不同文化背景的移居者身上的个人普遍因素，这一寻找现在仍在持续，但这些因素在不同文化群体的身上并没有普遍的解释力，这点将在下一节中详细论述。

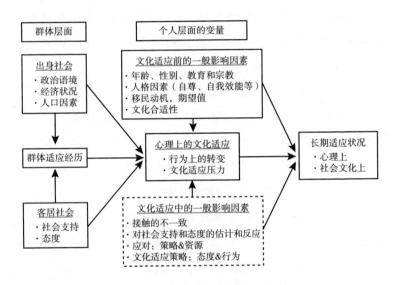

图 3 - 2　文化适应压力的影响因素图

资 料 来 源: D. L. Sam, & J. W. Berry, *The Cambridge Handbook of Acculturation Psychology*, (Cambridge: Cambridge University Press, 2006), p. 45.

在心理学的实际研究和测量中，学者们（Chief, 1940；Campisi, 1947；Gold, 1967）较早发现同化并不是文化适应的唯

---

① D. L. Sam & J. W. Berry, *The Cambridge Handbook of Acculturation Psychology* (Cambridge: Cambridge University Press, 2006), p. 45. 笔者对原图做了稍许修改，把原图中的"文化距离"这一因素改为个体层面的"文化的合适性"，并增加了人格因素，这在下一节将做详细论述。

一结果，而是有同化（assimilation）、整合（integration）、抗拒（rejection）三种后果。① 在理论上，格拉夫斯（Graves）提出了"心理上的文化适应"（psychological acculturation）这一概念，认为文化群体中的个体在经历文化适应时心理上会有一系列的变化，这一变化并不是总朝着同化的方向发展，也会产生反作用力或导致交往双方的群体的整体行为产生变化。② 它包括了个体在态度和行为上发生的变化。但是受当时社会学界（主要以移民为考察对象）的文化同化论影响，大部分文化适应理论都是线性的、单维度的，文化适应者从原文化（culture of origin/heritage culture）的起点出发，在这一连续体上慢慢卸掉原文化融入主流文化，中点是一种双文化的状态（biculturalism），最后到达完全的主流文化这一点上。③

从 20 世纪 70 年代末开始，研究者们开始关注移居者态度、行为变化的多样性以及这些不同和心理疾患之间的联系。约翰·贝利是这些研究者中的佼佼者。他在悉尼大学心理学系任教期间（1966～1969 年）考察了澳大利亚土著人的边缘生活，1969 年回到加拿大，从加拿大土著群体的边缘化、压力和文化身份认同研究着手，提出了双维度的文化适应态度理论（Berry，1974，1980），之后他又将"文化适应态度理论"拓

---

① 转引自 F. W. Rudmin, "Field Notes from the Quest for the First Use of 'Acculturation'", *Cross-Cultural Psychology Bulletin* 37 (2003): 24 – 31。

② T. Graves, "Psychological Acculturation in a Tri-ethnic Community", *South-Western Journal of Anthropology* 23 (1967): 337 – 350.

③ 余伟、郑刚：《跨文化心理学中的文化适应研究》，《心理科学进展》2005 年第 6 期。

文化适应研究的进路

展为文化适应策略（acculturation strategies，1997）理论，其中"策略"的概念既包括"态度"也包括"行为、动机、目标"，态度并不总是能从行为上体现出来，但我们还是要通过理解态度来理解人们的行为。当大多数研究者聚焦于移民身上发生的文化同化现象，贝利在对种族群体和土著居民的考察中看到了文化适应状态的多种可能性。

贝利根据种族文化群体在"保持传统文化和身份"以及"与其他文化群体交流"这两个独立维度上的取向，区分出四种不同的文化适应策略（见图3-3左）：整合（integration），同化（assimilation），分离（separation）和边缘化（marginalization）。从种族文化群体（ethnocultural groups）的角度，"整合策略"是指个体在态度和行为上保持原有文化，也愿意和其他文化群体建立和保持良好关系。"同化策略"是指个体不愿意保持原文化的身份和特征，却与其他文化群体有经常性的交流。"分离策略"是指文化适应个体重视自己的原有文化，但不愿与其他文化群体交往。如果文化适应个体不大可能保持原有文化也不愿意同其他文化群体进行交往时，他们所采取的策略是"边缘化"。[①] 大量的实证研究证明：持分离策略的个体行为变化最少，持同化策略的个体行为变化最大，持整合策略的个体从社会中选择性地吸纳了一些新的行为方式同时保持了原文化

---

① 与其1980年的版本相比，贝利把文化适应态度（acculturation attitudes）改为文化适应策略（acculturation strategies），把非主流群体（non-dominate groups）改为种族文化群体（ethnocultural groups），把主流文化群体（dominant group）改为更广阔的社会（larger society），以扩大文化适应研究的对象并沿用至今。

中宝贵的特征，而持边缘化策略的个体则丢失了原文化且呈现出一定的官能障碍和行为偏差。

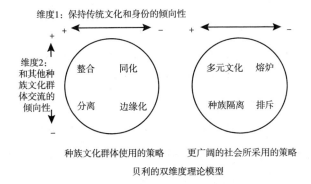

贝利的双维度理论模型

图 3 - 3　种族群体及其社会所采用的文化适应策略图

　　资料来源：J. W. Berry，"Immigration，Acculurarion and Adaptation"，*Applied Psychology：An International Review* 41（1997）：5 - 68.

　　与此同时，贝利也关注到种族文化群体及其个体并不能完全自主地选择自己适应的方式。当主流社会强制推行某种政策时，他们的选择就受到限制。那么，在这一过程中"主流社会的影响力"或曰"更广阔的社会"所扮演的角色是纳入考量的第三个维度（见图 3 - 3 右）。当主流社会施行熔炉（melting pot）策略时，种族群体通常会采取同化（assimilation）策略；当主流社会施行种族隔离（segregation）政策时，种族群体通常会采取分离（separation）策略；当主流社会排外（exclusion）时，种族群体通常会边缘化（marginalization）；当主流社会实行多元文化主义（multiculturalism）策略时，种族群体通常会采取整合（integration）策略。

文化适应研究的进路

这样一来，三个考察维度产生了八种文化交往模式，种族文化群体和广阔社会之间相互依赖、相互影响。在 2013 年对贝利先生的采访中，他谈及：用圆形而非矩形来表示策略框架，是因为圆形是一种重要的看待世界的方式，这符合土著居民的世界观，也是他的初衷，即，避免把不同的适应策略放入彼此隔开的方格之中忽视它们之间的相互影响。他强调自己在很多文章中都探讨了广阔的社会与非主导的种族群体间的互动、交流活动，然而，很多研究者总是忽略这些观点，甚至认为是其他人最先提出互动的概念。① 贝利的贡献在于：他把认同东道国文化和认同来源国文化作为两个独立的维度来考察，否定了文化适应的线性同化过程，并且看到广阔社会所采用的策略和个体文化适应策略之间的互动关系和相互影响，在宏观层面揭示了文化适应过程的复杂性和多维性。贝利的文化适应理论模型在过去几十年里引发了业界大量的实证研究及进一步的理论探索。

随后的布尔里等（Bourhis et al.）补充了跨群体关系（intergroup relations）和种族语言认同（ethnolinguistic identity）两个相关的变量。在对加拿大移民和才来不久的移居者进行的考察中，布尔里等提出了交互式文化适应模式（the Interactive Acculturation Model，1997），进一步阐述了贝利的观点。他们认为移民的文化适应是东道国政策影响下，双方文化适应取向共同作用的结果。交互式文化适应模式既关注主流社会的期望

————————

① 肖珺、李加莉：《寻找文化适应中的普遍性法则》，《社会科学报》2014 年 5 月 22 日，第 5 版。

值又关注移民自己的文化适应倾向，并以此来预测东道国社会与少数族群之间的关系。他这里主流社会的"文化适应期望值"和贝利框架中的"更广阔社会所采用的策略"是一回事，都是指主流社会的意识形态、政策及制度等。根据这一模式，东道国成员的文化适应有五种倾向：整合（integration），隔离（segregation），同化（assimilation），排斥（exclusion）和个人主义（individualism），后两者是贝利边缘化的变异。[①] 个人主义的移民关注的是自身的个体特色而非社会群体身份，他们不会依赖移民群体或者主流社会的支持来实现自己的理想和抱负。所以，东道国的文化适应策略与移民个人的文化适应取向并不总是一致的，当他们抱有相同的文化适应取向时，相互关系最为和谐。布尔里等看到了文化适应中群体间关系的重要性，更详细地论述了移居者和东道国成员之间的相互影响。

　　个人的四种文化适应策略实际上只是笼统的态度倾向，他们在生活中实际所采取的策略受到许多其他因素的影响。纳瓦斯等（Navas et al.）在对西班牙裔移民的考察中发现，移民在实际生活中的文化适应策略和他们理想中的文化适应态度倾向之间有差异。文化适应态度不应该是一个笼统的、单一的概念。文化适应过程是复杂的，移民在生活的不同领域可能同时采取不同的适应策略。文化适应是相对的，在不同的文化语境

---

① R. Bourhis et al. , "Towards an Interactive Acculturation Model: A Social Psychological Approach", *International Journal of Psychology* 32 (1997): 369 – 386.

与不同的文化群体交往，其策略又各不相同。于是他们对文化适应者的生活领域进行了细分，提出了"相对文化适应扩展模型"（Relative Acculturation Extended Model）。该理论认为移民在不同的社会文化领域，文化适应态度与策略不尽相同，应区分文化的"硬核"（如价值观、社会家庭规范、荣誉观、两性关系等）和"外围"（如工作或消费理念等），他们划分了七个文化领域：政治和政府体系（即建立权力关系与社会秩序的领域）、劳动或工作（相关职业领域）、经济（共享产品、经济贸易、消费习惯等）、家庭、社会、宗教信仰和风俗、思维方式和价值观。[①] 在他们那里，文化适应是切合实际的一种选择，个体可能在一些领域持分离策略，而在另一些领域可能持同化或融合的适应策略，而且移民原有的策略选择会随着时间的变化以及他们知识结构的变化而变化。贝利先生本人对纳瓦斯的研究给予了高度评价，并为她的相关专著作序。

　　除此之外，在实践研究中，荷兰学者阿伦兹托斯和范德维杰尔（Arends-Tòth & Van de Vijver, 2004）也提出了自己的"文化适应分类模型：具体领域及维度"（A Classification of Acculturation Models：Domain Specificity and Dimensionality）。他们认为文化适应研究应区分具体的领域和维度，在维度上有三种模型：单维度模型（Unidimensinal model），双维度模型

---

① M. Navas et al., "Relative Acculturation Extended Model：New Contribution with Regard to the Study of Acculturation", *International Journal of Intercultural Relations* 29（2005）：21 - 37.

（Bidimensinal model）和融合模型（fusion model）。① 单维度模型只采用主流文化或本族文化中的一种，双维度模型同时采用两种文化，而融合模型则产生了一种新的文化。在具体的领域和情形中，个体会选择不同的模型。他们把区域分为三个层次。第一层分为两个宽泛的领域：公共领域和私人领域，公共领域是功能性的、实用主义的，而私人领域是社交的、情感的。比如土耳其裔荷兰人虽然在这两个领域都保持了本族文化，但是在公共领域会更多地接纳荷兰文化。再细分下去，第二层是具体的生活领域（specific life domains），比如说，公共领域的教育、语言，私人领域的婚姻及子女教养等。再细分下去的第三层是具体的情形，个体在具体的情形中又有着不同的偏好，有着自己的双重性。有研究发现，美国的第一代印度裔移民在家喜好印度食物和服饰，但在其他地方也喜欢美国的食物和服饰。最终在他们身上产生的是一种新的、融合了不同文化背景的多重性文化。可以看到，这些学者逐步丰富了贝利概括性的、笼统的文化适应策略论，逐渐加入了场域和情境的考量，并且认识到它在不同文化个体身上呈现出不同的面向，不能一言以蔽之。

　　个人层面的文化适应研究主要有两种路径：以贝利引领的"压力、应对和适应策略理论"；以及马斯格雷特和沃德的"文化学习理论"。以马斯格雷特和沃德（Anne-Marie Masgotet &

---

① J. Arends-Tòth & F. J. R. Van de Vijver, "Domains and Dimensions in Acculturation：Implicit Theories of Turkish-Dutch", *International Journal of Intercultural Relations* 28 (2004)：19 – 35.

Colleen Ward）倡导的文化学习理论（cultural learning）则试图考察文化适应者在行为上的改变。它要解决的核心问题是：个体在文化适应过程中要学什么？哪些因素影响了语言和文化学习？它的情境因素有哪些？文化学习和最后的适应状况有何关联？他们把语言和文化学习置于文化适应过程的核心位置。他们认为语言的熟练程度和交流能力最为重要，个体在文化适应过程中要学习语言和非言语行为的差异，不同的规则和习俗、价值观和准则等。影响语言和文化学习的因素有个人方面的因素和情境方面的因素，个体通过文化学习不断调整最后达至社会文化上的适应。① 他们的这一理论在心理学界的影响远不及贝利引领的压力、应对和适应策略理论，因为这一理论不仅要在个体层面展开，更多地需要在人际和社会交往层面展开，而传播学、社会学和语言学研究者在这一领域的研究则更加细致深入。

可以看到，个体层面的文化适应理论在其演变过程中都发挥了观念的调适和修正功能。它从关注适应过程中所产生的病理和生理的症状开始研究个人的心理机制和发展，到文化适应压力源的探究，到文化适应态度、策略的探讨以及相关变量的思考。它从单维度的、线性的理论发展模式到多维度的、交互式、相对的理论模式，整个体系在不断地改进、丰富和发展。但是这些理论模式是否适用于所有的文化适应群体，它们是否具有普遍的理论意义，需要进一步的探讨。

---

① D. L. Sam & J. W. Berry, *The Cambridge Handbook of Acculturation Psychology* (Cambridge: Cambridge University Press, 2006), pp. 58 – 77.

第二节　个体层面影响文化适应的因素：
解释力的缺失

在文化适应过程中，文化冲突随时可能发生。当个体在文化适应中体验到较大的文化冲突，很难短时间通过调整得到解决时，就会产生文化适应压力（acculturative stress），如焦虑、忧郁、精神病理症状等。而最后的长期适应（adaption）要从心理上（如幸福感和自尊）以及社会文化上（比如在日常跨文化生活中的应对能力）的适应状况这两方面进行考量。个体层面的文化适应过程可以简化如下：与第二文化接触→文化适应压力（第一时间段）→不同的适应策略→文化上产生变化→文化适应压力（第二时间段）→不同的健康和文化适应状况。这些跨文化心理学研究者认为文化适应个体的行为受到其人格特质的影响，这些影响因素具有跨文化的普遍性。但是在具体的实证研究中，很多方面莫衷一是，没有得到普遍性的答案。

一　前摄性的个体因素

个体在跨文化交往开始之前有着自己独特的心理和社会特征。前摄性的个体因素主要包括移民动机（推/拉）、期望值，人口统计学因素（性别、年龄、教育程度）和人格因素（个性特点）、文化合适性等（详见图 3 - 2）。

推/拉动机（push/pull motivation）和期望值是一直被学者们考察的因素。研究表明，那些主动自愿离开故土来到新的国度的旅居者比非自愿的适应问题要少。金洋咏认为不同的移民确实表现出不同程度的文化适应动机，这些不同程度的动机直接影响了他们和本族群以及东道国的人际交流和大众媒体的使用。移民或旅居者的动机与其交流的数量、频率、时间和强度之间存在正比例关系。[①] 里奇蒙（Richmond）在对难民的研究中使用了消极至积极（reactive-proactive）连续体的概念来描述这一推/拉过程。推动机（push motives）包括不自愿的或被迫的迁移以及负面的期望，它位于连续体的一端；拉动机（pull motives）包括自愿的迁移和正面的期望等积极因素的集合，它位于连续体的另一端。这一简明的概念更容易进行经验研究。[②] 他的研究表明，那些推动机强的有着更多的心理适应问题。然而也有学者在实证研究中发现，拉动机强的同样遭遇到心理适应问题，因为他们有着更高的，甚至是不切实际的期望值，如果这些期望值没有在新的社会环境中达到，就会产生更多的压力。

性别是对文化适应研究中被考察的另一个变量。大量的研究表明，女性在文化适应中比男性存在更大的心理适应问题，但这一普遍的结论很可能与两种文化中女性相对的社会地位以及不同文化赋予男女的性别角色有关，当女性在新的文化中赋予完全不同的角色时，就会与原文化产生激烈的冲突。而在笔

---

① Y. Y. Kim, "Communication Patterns of Foreign Immigrants in the Process of Acculturation", *Human Communication Research* 4 (1977): 66 – 77.

② A. Richmond, "Reactive Migration: Sociological Perspectives on Refugee Movements", *Journal of Refugee Studies* 6 (1993): 7 – 24.

者对印度留学生的文化适应考察中发现女生们心理上的适应状况与男生差异不显著，而她们的社会文化适应状况较男生差。[1] 这与印度的文化习俗、教养方式和社会赋予她们的角色有关。从印度社会赋予女性的角色来看，女人被定格为"尽职尽责的妻子，听话的女人，高尚的母亲"，印度女性处于较封闭、受禁锢的境地，社会交往较少。实际上，男性和女性在新的社会文化中都会产生文化适应问题，但他们很可能表现在不同的方面，研究者对居住在挪威的青少年移民的研究发现，当这些青少年产生跨文化适应问题时，女孩表现出来的更多是一种抑郁症状，而男孩则呈现出比较多的反社会行为。[2]

年龄对文化适应有一定影响，如果在早年就开始文化适应生活，比如说在学龄前，那么整个过程一般比较顺利，因为孩子们身上的文化濡化（enculturation）还未完成，在文化卸化过程中不会遭遇严重的文化冲突，而且低龄个体的灵活性和适应能力更强。在青少年阶段，文化适应问题一般比较明显，因为在这一个人身份的发展和形成阶段，来自父母和同伴的要求很可能互相抵触，而且青春期问题和文化的转变所带来的问题交织在一起。[3] 而另一些研究表明，年轻的成年人适应状况较好，在早期留学生适应问题的研究中，赫尔（Hull，1978）得出结

---

① 李加莉：《武汉地区印度留学生的学业适应研究》，第八届武汉大学英语教学与跨文化交流国际研讨会会议论文，武汉，2014。

② 陈慧、车宏生：《跨文化适应影响因素研究评述》，《心理科学进展》2003 年第 6 期。

③ D. L. Sam & J. W. Berry, "Acculturative Stress among Young Immigrants in Norway", *Scandinavian Journal of Psychology* 36 (1995): 10 – 34.

论，年轻的留学生与当地人接触更为频繁，更容易改变自己适应新的文化。对于那些晚年随成年子女移居国外的老年人，他们的文化适应比较难，因为他们的文化濡化根深蒂固，对新文化的接受和学习形成更大的障碍。

教育和社会地位也是影响文化适应压力的因素。受教育水平高的个体一般适应压力较小。因为教育是一种个人资源，正规教育使这些人分析、解决问题的能力较强。而且，教育又和其他资源联系在一起，比如收入和就业状况等。另外，这些人很可能提前就熟悉了目的语和东道国的历史、文化和价值观，对东道国文化有了更多的理解，心理准备更好。因此，一般而言，受教育水平越高的人，文化适应状况会越好。

人格特质（personality）因素涉及跨文化交流者的个性，主要包括以下方面：自尊（self-esteem）、认知闭合的需要（need for cognitive closure）、内 – 外向（introversion/extraversion）、自我效能（self-efficacy）、控制点（locus of control）等方面的特点。就自尊心而言，社会心理学者认为如果移民们有动机去维护自己的自尊，他们就会想方设法来获得积极的自我形象。山姆和维尔塔（Sam & Virta）考察了移居挪威和瑞典的智利、土耳其和越南移民，他们发现：持融合和双文化态度的个体自尊心较强，尊重自我的人更可能努力去适应新环境。[①]

---

① D. L. Sam & E. Virta, "Social Group Identity and Its Effect on the Self-esteem of Adolescents with Immigrant Background", in R. G. Craven, H. W. Marsh & D. M. McInerney, eds., *International Advances in Self Research* (Sydney：Information Publishers, 2003), pp. 347 – 373.

认知闭合的需要是为某一特定问题找到答案，结束模糊和混沌状况的需要。有研究表明，认知闭合需要强的人遭受较大的文化适应压力，它表现在情绪混乱和精神病症上，但是没有找到两个变量间直接的因果关系。另有研究表明，对于初来乍到的移民而言，认知闭合需要强的人更多地寻求本族人的支持，倾向于来源国文化，不利于他们融入新文化；相反，对那些一开始就和当地人交往的个体而言，认知闭合需要强的人会更快地融入东道国文化。

外向性也是研究者关注的一个人格因素。外向型的人喜欢表现自己，与人交流，这对社会交往很重要。但是研究者对这一因素与文化适应之间的关系没有统一的看法。有些研究者认为外向性与适应之间正相关，有些研究则得出负面的关联性，还有些研究者认为二者之间没有什么关系。

控制点分为内控型和外控型。内控型个体相信自己的行动可以左右事情的发展；而外控型个体容易受到外界因素的影响，相信他人权力、命运和运气。沃德和肯尼迪等（Ward & Kennedy，1992；etc.）的研究表明，内控型人格有助于移民的跨文化调整，而外控型则表现出更多的心理抑郁病症。[1] 当然，有些文化传统中给人灌输了宿命观，它降低了自信感和控制感，但未必导致了移民的心理压力水平的上升。

语言能力是实现与异国文化进行交流的必要条件，这一点

---

[1] C. Ward & A. Kennedy, "Locus of Control, Mood Disturbance, and Social Difficulty during Cross-cultural Transitions", *International Journal of Intercultural Relations* 16 (1992): 175 – 194.

文化适应研究的进路

已经得到广泛的共识。个体掌握东道国语言的能力以及母语的语言能力成为文化适应压力的重要指标之一。一般研究表明，母语以及外语的语言能力都强的个体文化适应压力小，仅仅母语的语言能力强则文化适应压力较大。研究者认为，双语能力（bilingualism）或多语能力（multilingualism）是文化适应研究的重要指标。因为双语能力不仅提高了语言能力和元语言意识（meta-linguistic awareness），而且增强了认知的灵活性（发散性思维、推理能力和解决问题的技能），使他们认为解决问题有多种方式。能说双语的人比同龄人有更强的解决问题的能力，因此他们的文化适应压力较小。

从这些个人层面压力源的寻求中可以发现，个体人格的某些特质如认知闭合的需要、内外向性以及性别、年龄等因素和文化适应状况并没有必然的因果关系，但是某些与社会环境、后天教育成长相关的个人因素如语言能力、受教育水平等因素与文化适应状况更为相关。

为了寻求移居者的个体因素和新环境之间的相互关系，希尔和沃德（Searle & Ward, 1990）提出了人格因素和环境之间的相互合适性（cultural fit）假说。这一假说强调个体的个人特点和行为与新的文化环境之间的人格合适性（the fit）。他们认为，在新的文化环境中这种合适性比起单独的人格而言能更好地预测文化适应状况。在随后的实证研究中，沃德和昌（Ward & Chang, 1997）对移居新加坡的美国人做了人格相互适应性考察。他们用艾森克人格问卷测量了这些美国人在外向性上的得分，同时也测量了新加坡当地人在外向性上的得分，然后把两组数据进行比较。他们的研究发现，那些比当地人更加外向的美国移民，想与当地人建立和保持社会关系时遭受到挫折和排斥，心理适应水平较低，但是与当地人分数接近的美国人心理沮丧和抑郁程度较低。由此看来，外向的人格本身与文化适应心理健康并没有什么关系。[1]

沃德和昌提出的文化适合假说（cultural fit）考虑到旅居者的人格与当地文化群体之间是否匹配的问题。他们认为，个体与社会环境之间存在着复杂的交互作用。在很多情况下，人格因素不能单方面地用来预测文化适应状况，而要从两方面着手进行考察。显然"合适性"是个体人格因素、统计学因素缺乏解释力之下，学者们寻找的另一种阐释，它没有普世的标准，它注重的是个体与所处的环境双方面的特质及其相互的相容度和和谐程度，它不可能有普适性的答案。

二　文化适应过程中的调节因素

在文化适应过程中，跨文化交往者普遍受到文化的冲击，在与异文化的接触中会遭遇相似的失范、焦虑、压力和挑战，但不同文化个体间存在较大的差异，因为他们有着不同的文化心理和体验。有些前摄性因素在文化适应过程中没有多少改变，有些却产生了变化（语言等）。在日常体验中跨文化接触

---

[1]　C. Ward & W. C. Chang, "Cultural Fit: A New Perspective on Personality and Sojourner Adjustment", *International Journal of Intercultural Relations* 21 (1997): 515–533.

者不断地进行感知、学习和分类，又产生新的影响文化适应的因素，它包括：文化接触的不一致，个人对社会的认知、评价和反应，应对的资源（知识和技能）以及不同的适应策略。在这些因素中，个体的文化接触，对社会的认知、评价和反应是千差万别的，他们所能应对的资源各不相同，难以有普遍性的答案。于是研究者着重研究个体的适应策略与文化适应之间的关系。

在文化适应过程中，为了降低认知、情感和行为上的压力，个体会采取不同的应对方法和适应策略。应对的策略可分为三类：以问题为导向（problem-oriented）；以情感疏通为导向（emotion-oriented）；回避导向（avoidance-oriented）。以问题为导向的个体会通过行动改变压力源从而解决问题；情感导向的个体会致力于降低紧张、沮丧的情绪；而回避导向的个体试图分散注意力，回避问题，被动顺从。良好的文化适应状况与问题导向正相关，而与情感导向和回避导向负相关。

应对策略取决于两个主要的认知过程：对紧张刺激物的察觉和理解以及对自己的资源和策略有效性的估计。学者们发现，融合的策略与问题导向正相关；同化的策略与问题导向和情感导向都存在正相关关系，但与回避导向呈负相关关系；分离策略则与情感导向和回避导向正相关。

就文化适应状况而言，一些研究表明（Berry，1990；Berry et al.，2006；etc.）：在贝利的四种文化适应策略之中，寻求整合的人长期适应性最好，而边缘化的人长期适应状态最糟，而同化和分离策略的个体适应状况居中，而且良好的社会文化适应促进了心理上的适应。①

　　然而实际上，对于文化适应状况和文化适应态度之间的关系众说纷纭。库曼等（Kuman, Eshel & Shei）研究发现，社会适应与少数族群所持的整合或同化的文化适应态度呈正相关，但与其心理适应并不相关。② 沃德和拉娜德巴（Ward & Rana-Deuba）认为，文化适应的两个维度是相互独立的，整合的个体心理适应状况较好，而同化倾向的个体社会文化适应状况较好。③ 究其原因可能是，持融合策略的人整合了不同文化中的保护性因素，拥有两个支持系统而且在人格上更加灵活。

　　可以说，不同的文化适应策略和心理上的适应状况之间的相关性还没有定论。就社会文化适应状况而言，持融合策略和同化策略的较好。这种结论显而易见，因为调查表所设计的考察项基本上是以东道国社会文化为基准的。实际上，这些研究者预设了这样一个概念：文化适应者融入东道国社会或被东道

---

① J. W. Berry, "Psychology of Acculturation", in J. Berman, ed., *Cross-cultural Perspectives: Nebraska Symposium on Motivation* (Lincoln: University of Nebraska Press. , 1990), pp. 201 – 234.

　　J. W. Berry et al. , eds. , *Immigrant Youth in Cultural Transition: Acculturation, Identity and Adaptation across National Contexts* (Mahwah, NJ: Lawrence Erlbaum Associates, 2006).

② J. Kuman et al. , "Acculturation Attitudes, Perceiced Attitudes of the Majority and Adjustment of Israel-Arab and Jewish-Ethiopian Students to an Israeli University", *Journal of Social Psychology* 145 (2003): 593 – 612.

③ C. Ward, & A. Rana-Deuba, "Acculturation and Adaptation Revisted", *Journal of Cross-cultural Psychology* 30 (1999): 422 – 442.

国社会所同化就是成功的、理想的文化适应状态。

心理学者通常认为，在文化适应中人们心理的变化过程具有普遍性，也就是说，不管文化和经验怎么不同，人类都会呈现出一些基本的特征和人格特质的普遍性，因此他们试图将人格特质作为理解和预测所有文化中人行为的基础。其问题在于这些人格和精神分析忽略了文化因素对人格潜移默化的深刻影响。在同一种文化中，个体在人格上可能有某种一致性和同质性，但在不同的文化情境中，这些因素未必具有普遍性，个体心理学尽管想将文化因素纳入自己的研究之中，但其终极目的是通过跨文化研究发现超越文化影响的普遍性真理，所以导致其解释力的缺失。[①] 环境在人格形成中具有关键性的作用，个体的人格特质受到不同文化元素的影响，个体高层次的心理过程由文化塑造，因此，在文化适应研究中探求不受文化环境影响、普世性的人格因素通常劳而无功。

第三节　重新审视个体层面的文化适应研究

一直以来个体层面的文化适应研究呈蓬勃发展之势，但是它一直盛行着片面化的病理论和线性的阶段论。这一层面的研究一直由科学主义的、实证主义的取向主导着，它基本上与自然主义的研究范式一致，通过标准化的量表进行调查研究，然后进行统计分析。在这一研究过程中，它同时也存在着难以整

---

① 杨慧芳、郭勇玉、钟年：《文化与人格研究中的几个问题》，《心理学探新》2007年第1期。

合的测量问题。目前，这一层面的研究主要在认知层面和态度层面展开，来探究个体层面成功适应的可能性，认知层面主要有内尼特（Bennett，1993）建构的跨文化敏感度发展模型（Developmental Model of Intercultural Sensitivity），和西田弘子（Nishida，1999）的文化图式理论（Cultural Schema Thoery）。在态度层面，最为著名的是约翰·贝利的适应策略论。

一　文化适应的病理论

20 世纪初的研究者通过对移民日记和信件的考察，发现移民如果丧失了传统的精神模式（传统观念、认知和情感）而融入现代化、工业化的都市会导致其人格的分裂。早年的文化适应研究者关注的是移民和少数裔的心理和精神健康状况，因为在他们看来这些群体无知、不讲卫生，容易生病、精神错乱甚至犯罪，心理进化和现代化进程可以缓解这些病症使他们同化到主流社会中来。[①]

文化适应会导致精神病和边缘化这一观念进一步被米勒（Miller，1924）、帕克（Park，1928）等所论述。[②] 于是犯罪、自杀、精神疾病与移民和种族群体联系在一起。在这种历史背景下，文化人类学家卡尔维罗·奥伯格（Kalvero Oberg，

---

① F. W. Rudmin, "Field Notes from the Quest for the First Use of 'Acculturation'", *Cross-cultural Psychology Bulletin* 37 (2003): 24 – 31.

② H. A. Miller, *Races, Nations and Classes: The Psychology of Domination and Freedom* (Philadelphia: Lippincott, 1924).

R. E. Park, "Human Migration and the Marginal Man", *American Journal of Sociology* 33 (1928): 881 – 893.

1960）提出了"文化休克"（culture shock）理论。他认为文化休克是"突然失去所熟悉的社会交往符号和象征，对于对方的社会符号不熟悉，而产生的一种突如其来的忧虑，和无所适从的深度焦虑症"。奥伯格在《文化休克：对新文化环境的调整》一文的摘要中写道："文化休克是移居到国外生活的人们的一种病症。和所有的病症一样，这种病也有它自己的发病原因、病症和治愈过程。"①

文化休克关注文化适应过程中的激烈的心理冲突、情感压力、精神问题。而当代心理学界的文化适应研究者更多地使用"acculturative stress"一词，他们认为在文化适应过程中当个体遇到问题又很难迅速地得到解决时就会产生适应压力（acculturative stress），如焦虑、忧郁、精神病理症状等。文化适应会产生两种结果，即行为转变（behavioral shifts）和文化适应压力的产生。贝利解释道（Berry, 1992）他之所以使用"文化适应压力"而没有使用"文化休克"这一术语是因为：休克一词有病理的负面之意，而压力内涵上更为丰富，它可能产生负面或正面的结果。②再者，贝利感兴趣的是两种文化交汇时，即跨文化适应时所带来的压力，所以用"acculturative"一词更能体现出"跨文化"的概念。而不是各自的原文化所造成的压力，所以他弃用

---

① K. Oberg, "Cultural Shock and the Problem of Adjustment in New Cultural Enviroments", *Practical Anthropology* 7（1960）: 177 – 182.

② J. W. Berry et al., *Cross-cultural Psychology: Research and Applications*（New York: Cambridge University Press, 1992）, p. 350.

"culture shock"一词。但实际研究中"culture shock"一词的内涵已逐渐拓展和丰富，和"acculturative stress"一词相当。

但时至今日，大部分文化适应研究仍在做病理式的分析，适应总是和压力问题纠缠在一起，学者们仍然认为，少数裔个体和群体因为文化自卑或受到主流文化冲击而身心不健康，并在文化适应过程中遭受痛苦。据拉德明（Rudmin）统计，从1894年到2009年的心理学杂志中有1532篇文章研究文化适应问题，其中的1328篇（87%）同时涉及了压力和健康问题。[①]新文化的陌生感导致文化适应压力，促使少数族群采取不同的适应策略应对新文化，他们生活上不同程度的改变产生了压力并导致他们身心状况恶化，对其心理问题进行临床干预被认为是首选的处理方式。

把文化适应简单化为负面的压力问题是不全面的。实际上文化适应对于个体而言具有多元指向，不仅仅是压力所带来的焦虑、忧郁和精神症状。现在许多学者开始关注看似矛盾的另一面，关注到文化适应个体比多数裔更健康、更成功的另一面。对跨文化交流者而言文化适应是动态的、创造性的改造过程，促进了个人成长和个体发展。压力和调节之间的动态张力以及由此引发的内在成长本质上是人类生命历程的特征。

文化适应体验有助于个人成长，阿德勒认为文化适应并不一定导致病症，它的核心是跨文化的学习和自我理解和改

---

① F. W. Rudmin, "Constructs Measurements and Models of Acculturation", *International Journal of Intercultural Relations* 33（2009）：173 - 176.

变，个体在遭遇生理、心理、社会、哲学等不同层面的冲突之后，个人能得到发展和成长，文化适应是一种深刻的学习经历，导致较高程度的自我意识和个性的成长。[1] 跨文化传播学者金洋咏和鲁本（Kim & Ruben，1988）认为人类具有内在的适应动力，在面对环境挑战时，人们会自然而然地做出应对。压力是跨文化体验的固有特性。在国外，旅居者在处理跨文化问题时，在文化社会期望、价值观、信仰及态度等失效的情况下，他们必须不停地去调整，不停地尝试、试错，去改变以往指导他们决定和行动的文化暗示。如果旅居者的内在资源不能保持或者复原平衡状态，那么他们也许"会经历极端恐惧，从而导致心理上严重持续的损害"。他们可能会放弃而回到原来的文化中。对于那些留下来的旅居者，无论结果是好是坏，都能够帮助他们建立成长体验的基本结构。

文化适应压力是变化和成长的前奏，个人努力找回内在平衡，去适应跨文化情境中的要求和机会。金洋咏的研究表明，那些个人向上发展的移民比那些不思进取的压力大，最终适应得更好的移民当初的压力和焦虑比较大，最后成功适应新文化的个体最初遭受最剧烈的文化休克，在压力—适应—成长的过程中，旅居者的自我效能得以提升，个人获得了更大的发展。[2]

---

[1] P. S. Adler, "Culture Shock and the Cross-cultural Learning Experience", in L. F. Luce & E. C. Smith, eds., *Toward internationalism: A Reader* (Cambridge, MA: Newbury, 1987), pp. 389 – 405.

[2] Y. Y. Kim & B. D. Ruben, "Intercultural Transformation: A Systems Theory", in Y. Y. Kim & W. B. Gudykunst, eds., *Theories in Intercultural Communication* (Newbury Park, CA: Sage, 1988), pp. 299 – 321.

奥登霍温（Van Oudenhoven）也认为那些具有世界主义的多元文化理念的移民比定居的本地人更加成功，而且其中的一部分非常成功，所以研究者不应只强调移居对移民负面的暂时影响，更应该着眼于中、长期的个人成长，因为他们从长远来看很可能更加成功。①当代心理学研究者们不再仅仅关注"人出现了什么问题"，而是开始了积极心理学的研究，探究如何培养和充分发展人的潜力使其达到最佳状态。

二 文化适应的阶段论和曲线论

文化适应研究早期盛行轨迹论和阶段论，其中以"U形曲线假说"、"W形曲线假说"、奥伯格的四阶段论、阿德勒的五个阶段论为代表。虽然它们被当代学者批评为过度概括、失之过简或流于僵化，但时至今日，轨迹论和阶段论并没有失去其影响力，不同形式的阶段论仍层出不穷。

综合起来，这些学者认为旅居者较完整的文化适应模式应该包括四个阶段：蜜月期、危机期、复原期与双文化适应期（biculturalism）。② 例如刘易斯和江格曼（Lewis & Jungman）更详细地把短期居留者的文化适应过程分为六个阶段：准备期（preliminary stage）、旁观期（spectator stage）、参与期（participant stage）、休克期（shock stage）、适应期（adaptation

---

① J. P. Van Oudenhoven, "Immigrants", in D. L. Sam & J. W. Berry, *The Cambridge Handbook of Acculturation Psycholoy* (Cambridge: Cambridge University Press, 2006), pp. 177 – 178.

② 陈国明：《跨文化交际学》，华东师范大学出版社，2009，第164页。

stage）与返乡期（reentry stage）。① 在返乡期旅居者重回故土在母文化中也产生了相似的逆向文化适应（reentry）现象。

在所有的文化适应研究中，U 形曲线假说、W 形曲线假说、文化休克论等阶段论是最常被引用的理论，它们非常符合人们的直觉。实际上，这些理论并没有找到广泛地支撑理论的纵向研究的数据，一些学者甚至提出了反对意见。他们的研究发现，有的旅居者从一开始就体现出沮丧和忧虑，并未经历最初的兴奋，即所谓的"蜜月期"，而有些旅居者一直都很适应国外的生活。

沃德和她的同事们（Ward et al.，1998）在实证研究中对 U 形曲线假说提出了挑战，他们追踪研究了 35 名留学新加坡的日本学生，在四个时段（抵达后的 24 小时之内，4 个月之后，6 个月之后以及 12 个月之后），分别测量和访问了这些学生的社会文化适应和心理适应的状况。结果发现，他们的抑郁水平在第 1 个月和满 1 年的时候最高，在 6 个月的时候是比较低的。② 也就是说，在第 1 个月和满 1 年的时候心理适应的水平是最差的。因此他们指出，在跨文化适应的最初阶段，生活变化最大，所拥有的适应资源最少，这个时候的适应水平最差。

---

① T. Lewis & R. Jungman, *On Being Foreign*：*Culture Shock in Short Fiction* (Yarmouth, ME：Intercultural Press, 1986).

② C. Ward et al.，"The U-curve on Trial：A Longitudinal Study of Sociocultural and Psychological Adjustment during Cross-cultural Transition"，*International Journal of Intercultural Relations* 22 (1998)：277 – 291.

　　布朗和霍罗威（Brown & Holloway）进一步提供了反 U 形曲线的证据。他们通过对居留期超过 12 个月的来自 13 个不同国家的 13 位研究生进行了 13 次深度访谈，他们的研究印证了沃德等的结论，初到一个陌生的社会文化环境中的旅居者，适应状况最差。① 对于初到中国的外国留学生，何安娜的研究表明，在中国文化背景下，这些外国留学生并不存在所谓的蜜月期，她对来自 11 个不同国家的 28 名来华留学生进行了量化研究，在四个时间点（来华的第一堂课，1 个月后，2 个月后，3 个月后）分别进行了测量，结果发现他们来华的头 4 个月的文化适应状况是一个从低到高的稳步改善的过程，初来乍到时适应水平最低，然后在随后的 3 个月里逐步改善。②

　　从 20 世纪五六十年代的特定人群中发展出来的"U 形曲线假说"以及"W 形曲线假说"在实证研究中的支持比较有限。苏斯曼（Sussman）质疑了对再适应过程的"W 形曲线假说"，他指出这种模式错误地假设文化适应与逆向文化适应之间存在着基本的相似性。③ 欧威米奇利等（Onwumechili et al.）阐述了逆向文化适应过程的特殊性，同时他们引入了环

---

① L. Brown & I. Holloway, "The Initial Stage of the International Sojourn: Excitement or Culture Shock?", *British Journal of Guidance and Counselling* 36（2008）: 33 – 49.

② 何安娜：《异质文化的适应过程中存在蜜月期吗？》，《南京社会科学》2010 年第 12 期。

③ N. M. Sussman, "Repatriation Transitions: Psychological Preparedness, Cultural Identity, and Attributions among American Managers", *International Journal of Intercultural Relations* 25（2001）: 109 – 123.

状曲线的概念，用以解释多次文化转型中认同协商的多个转折点。①

　　笔者对武汉高校印度留学生适应状况的考察表明，他们的心理适应状况整体良好，但有反复性。他们的心理文化适应模式并没有呈现 U 形曲线，而是经历了一个沮丧—调整—适应的过程，从谷底慢慢攀升至一个稳定的平台期（见图 3 - 4）。

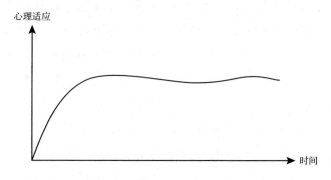

图 3 - 4　武汉高校印度留学生心理上的文化适应曲线

资料来源：本课题相关研究。

　　随后的质性访谈发现，印度大学中有对新生恶整（ragging）的文化传统，高年级学长把这一传统带到中国。对于初来乍到的印度留学新生而言，一时间与祖国亲人失去了联系，在与东道国之间没有建立起任何关系之前，不仅没有得到必要的同胞的扶助和支持，反而在异国他乡遭到学长们不同程度的恶整和虐待，加之气候上的不适应，他们的心情一下子跌

———————————

① 　C. Onwumechili et al. , "In the Deep Valley with Mountains to Climb: Exploring Identity and Multiple Reacculturation", *International Journal of Intercultural Relations* 27 （2003）: 41 - 62.

到谷底，所以他们在心理上没有所谓的令人兴奋的"蜜月期"，也没有呈现"U 形曲线模型"。可见，不同群体的心理适应曲线与其群体文化特色有直接关系。

个体的心理状况在文化冲击中会有起伏波动，但不同文化群体所表现出来的程度和内容是不同的。不同群体因其独特的文化特色和跨文化交往者的不同身份和使命（比如游客、留学生、难民等）达到适应低点和高位的时间点和过程很不一样，轨迹论和阶段论不能回应个体心理适应过程的复杂性。所以"U 形曲线假说"或"W 形曲线假说"实际上是伪命题，其举证和反证仅适用于被考察的特定群体，文化适应过程并没有普遍性的相同的轨迹。阶段论和曲线假说试图以时间为变量，找出居留的时间与文化适应状况之间的直接关系，似乎居留时间足够长的个体适应状况就会更好。虽然，学习接纳新的文化的确需要一段内在化的过程，但实际上，时间能治愈一切的假设似乎没有多少实际意义，居留时间的长短与文化适应状况没什么关系。从最初接触新文化到最终适应的时间段中可能发生了许多变化——学会了当地语言，找到了工作，建立了社会关系，也许这些具体的变数和生活体验才直接影响了文化适应状态。

如果要寻求文化适应者的相似轨迹，笔者更赞同金洋咏（Young Yun Kim）的动态模型，文化适应过程其实是一种螺旋式的上升过程，它是一种压力—调整—成长（Stress-Adaptation-Growth Dynamic）的动态过程。个体在新的文化环境中会遇到压力，一种文化身份的冲突，个体既想保留原有的习俗，又想改变自己的行为从而和新的环境能和谐相处。在压力之下，个体同新的文化环境直接或间接地接触，并力求同新的文化环境建立和维持一个相对稳定的互惠关系，而这种关系的建立就是对新文化环境的适应（adaptation）。个体在跨文化适应的过程中基本上是前进两步，后退一步，个人成长与发展路径并非呈现出直线的上升态势，也不是 U 形或 W 形的轨迹，而是呈现出螺旋式上升的发展轨迹。

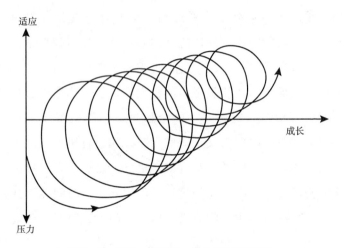

图 3 – 5　压力—适应—成长动态适应图

资料来源：Y. Y. Kim, *Becoming Intercultural：An Integrative Theory of Communication and Cross-cultural Adaptation*（Thousand Oaks, CA：Sage, 2001），p. 59.

从图 3 – 5 可见，个体在最初进入新的环境时，面临最多的考验，但长期来看，个体调整的波动幅度会越来越小。在压力和调整的相互作用下，人的能力持续锻炼、成长，通过持续的压力、调整和成长，人们在新环境中日渐成熟完善，体会的压力和不适会逐渐减少，心理承受能力愈来愈强，同时能够愈来愈正常地发挥社会作用。但实际上，并不是所有的人在压力下都会适应、成长。有些人成为建设性的边缘人，而有些则成为压缩的边缘人，前者得到了创造性的自我成长空间，在压力下重生；而后者则迷失、被疏离，在压力下崩溃，形成了人格障碍。

三　文化适应研究的测量问题

跨文化心理学者认为人类有着相似的心理过程和能力，他们试图呈现超越文化的基本心理规律。文化适应心理学者探求的是人类的心理共性，继而试图在不同文化的语境下来比较人类行为。个体层面的文化适应研究一直由科学主义的、实证主义的取向主导着。研究者们在做量化分析之前，一般要对文化中的个体的适应状况做出假设。一种假设是两极、单维度的，认为在文化适应过程中，文化适应者在慢慢去除原有文化的影响，逐渐学习、接纳主流文化。这样，采用一维两极模型去测量文化适应，排除了个体在学习另一种文化的同时，保持他们原有文化的可能性。①

1940 年，印第安学者伊丽莎白·契夫（Elizabeth Chief）就设计出了自我报告文化适应量表（self-report scale of acculturation），它是含 40 项的 5 级单维两极的测量模式（unidimensional model），对态度、身份、信仰及行为进行了考察。例如：在"你更信任白人还是印第安人？"一项中，选项如下：1 = 我最信任白人；2 = 比起印第安人我更信任白人；3 = 对于两者我一样信任；4 = 比起白人我更信任印第安人；5 = 我最信任印第安人。受该表的影响，1947 年，保罗·坎皮

---

①　杨宝琰、万明刚：《文化适应：理论及测量与研究方法》，《世界民族》2010 年第 4 期。

斯（Paul Campisi）设计的文化适应量表采用了按程度不同的5级在两个维度进行测量：一是考察个体把美国文化内在化的程度；二是考察个体保持非美国的祖辈文化的程度。例如：在"我说话时使用的手势"一项中，选项如下：（1）完全美国式；（2）大部分美国式；（3）美国和本国的都有；（4）大部分本国式；（5）完全本国式。该两级测量模式（bidimensional model）在20世纪六七十年代的文化适应研究中得到了推广和使用。1968年，伊丽莎白·萨莫拉德（Elizabeth Sommerlad）在研究澳大利亚土著人时所设计的量表中出现了同化（assimilation）、抗拒（rejection）和整合（integration）三种态度。

后来约翰·贝利（John Berry，1976）沿用了这一量表来调查加拿大的印第安人的状况，并且将之进一步拓展为包含有同化、整合、分离和边缘化四种适应态度。在测量过程中，学者们从单维度量表发展出双维度量表。在双维度模式中又有两句陈述测量法（two-statement measurement）和四句陈述测量法（four-statement measurement）。前者使用两个单独的量度，一句测量对主流文化的倾向性，另一句测量对原有文化的倾向性。而后者对于四种适应态度分别进行测量。比如：我既喜欢参加国人的社会活动也喜欢参加本族群的活动（融合）；我只喜欢参加国人的社会活动（同化）；我只喜欢参加族群的社会活动（分离）；我既不喜欢参加国人的社会活动也不喜欢参加本族群的活动（边缘化）。贝利对测量个体整合态度的问题比较笼统，例如：你是否愿意和本族人或东道国国民结婚？你认为是否应该保持本族文化或努力适应东道国文化？你认为流利地讲本族语重要还是讲东道国语言重要？你是否愿意参加当地的社会活动？是否愿意拥有两个文化圈的朋友？等等。这些问题主要考察语言使用、婚姻、社会交往等方面的倾向。到目前为止，对这四种态度的不同考察仍在世界各地进行着。

贝利认为有如下四种方法测量不同的适应策略，但是在做量化研究之前要做质性的种族志研究，考察两个相互接触的个体或群体，了解文化适应中真实存在的问题，确定研究所要考察的不同领域，如：语言、价值观、服饰、食物、偏见、歧视、男女关系、亲子关系等，不同文化群体间考察领域不尽相同。然后再展开如下四种量化研究：第一种是在既定的考察领域让受试者逐一用利克特表（Likert）从严重同意到严重不同意考量他们的态度。比如，在融合策略有一项是："我愿意让孩子既学习土耳其的，也学习加拿大的价值观与风俗"。研究者得到的是个体在每种适应策略上独立的分数。

第二种是测量其中两个主要的维度（保持本族群文化的态度和接触主流社会的态度），比如："我想让小孩去上拉美传统学校"（保持传统文化）；"我希望我的小孩学习加拿大风俗"（接触社会）。在这两个维度上的得分可以交叉。当人们在两个维度上的得分都比较高时，他们就被评估为持整合策略，都低时则是边缘化策略。

第三种方法是"聚类分析"（Cluster Analysis），把文化适应的变量聚类，比如有文化适应态度、文化身份认同、语言、社会交往等。那么对融合持积极态度，认同两种文化，说双语，和两个文化群体交往等则可聚为一类。这种统计方法把不同的变量综合了起来，呈现出持不同策略的这一类人。

第四种是"简述式"（Vignettes），用几句话简要描述四种不同的文化策略。① 例如："我为自己的文化传统感到自豪，我认为保持传统文化的生命力和尊重祖辈的方式很重要。然而我同样觉得保持和建立与他族群的关系同样重要。我们可以彼此互补，所以积极参加加拿大的社会活动和保持本族文化传统同等重要。"依据个体对四种策略赞同或否定的不同的程度得到相应分值。尽管贝利发表了大量文化适应研究的测量表，但是他希望其他研究者不要原版照抄，因为这些量表不一定适用于其他文化。

长期以来，心理学家仅仅研究跨文化交流者的心理如何获得幸福感，例如自尊心、生理疾病、焦虑、抑郁等。科林·沃德（Colleen Ward）和她在新加坡的一些同事，提出了另一种心理幸福感——社会文化适应。她和同事们（Ward & Searle，1991；Ward & Kennedy，1994，1999）共同设计的心理和社会文化适应量表（Psychological and Scio-cultural Adjustment Scale）得到了大量的使用。② 希尔和沃德（Searle & Ward，1990）认为要从以下两个方面来考量文化适应状况：心理层面和社会文化

① 肖珺、李加莉：《寻找文化适应中的普遍性法则》，《社会科学报》2014 年 5 月 22 日，第 5 版（学术探讨）。

② C，Ward & W. Searle，"The Impact of Value Discrepancies and Cultural Identity on Psychological and Sociocultural Adjustment of Sojourners"，*International Journal of Intercultural Relations* 15（1991）：209 – 225.

C. Ward & A. Kennedy，"Acculturation Strategies，Psychological Adjustment，and Socio-cultural Competence during Cross-cultural Transitions"，*International Journal of Intercultural Relations* 18（1994）：329 – 343.

层面。[①] 心理层面的文化适应以情感反应为基础，指向心理健康和生活满意度，以心理健康、乐观为测量依据；社会文化层面的适应的指标是旅居者适应当地社会、与当地社会成员的有效交往，以测量旅居者在当地社会体验到的困难为依据。虽然它们在概念上完全不同，但在经验性研究中有一定相关性，两者虽有着不同的进程和测量指标，但一般存在0. 4 ~ 0. 5 的正相关。

实际上，个人层面的文化适应心理学研究一直被测量（measurement）问题所困扰，即使现在的心理测量学可以排除有缺陷的量表，大量新的量表仍层出不穷，没有统一的设计方案。有的表格是 5 度或 7 度利克特表（Likert），有的是 3 度、4 度、正误判断或打钩打叉。由于研究对象、领域和文化对子的不一样要针对独特的问题进行考察，文化适应量表的设计不尽相同。即便目前双极（bipolar）测量更为学者们（Arends-Toth & Van de Vijver, 2006；Rudmin, 2006）所推崇，但仍有一部分单极量表（unipolar scales），仍在普遍使用。加之，文化适应研究都各成体系，其概念和方法大相径庭，简直是不可能融合，就连客观的荟萃分析（meta-analysis）都很难进行。

近三十年来，个体的文化适应考察从态度倾向的横断面研究逐渐转向对过程的纵向研究，并且在认知（cognitive）、情感（affective）、行为（behavioral）层面逐渐打开，深入到能力和表现等细化的层面。但影响文化适应过程的变量很多，它

---

① W. Searle & C. Ward, "The Prediction of Psychological and Social-cultural Adjustment during Cross-cultural Transitions", *International Journal of Intercultural Relations* 14 (1990)：449 – 464.

文化适应研究的进路

包括接收国的特点（characteristics of the receiving society）、来源国的特点（characteristics of the society of origin）、种族群体自身的特点（characteristics of the ethnocultural group）、可感知的群体间关系（perceived intergroup relations）、个人特质（personal characteristics）以及个人的适应取向（acculturation orientations）。它们存在复杂的交互作用，任何交互作用或独立变量对最后的结果都可能有影响和制约，这使验证过程变得非常复杂。而实际量化研究中的测量问题使整个研究变得更为庞杂。为此，文化适应心理学研究需要明确目标，确定变量和不同的研究方面和方法，但是文化适应是个复杂的过程，没有哪个单一的方法和测量能揭示其复杂性和全貌。

一些心理学者在不同国家的不同族群中使用了超越民族、一般化的量表，但结果证明其效度（validity）和信度（reliability）都不好。所以，尽管有些量表可供借鉴，但实际上没有统一的测量表，因为每个文化适应的环境都由族群接触的文化所决定，尽管如此，这些研究仍揭示了文化适应过程许多横截面的特征，重要的指标和关系。著名心理学者拉德明甚至指出，从1918 年托马斯等（Thomas & Znaniecki）进行的第一个文化适应的心理学研究到现在已近一个世纪，文化适应的经验性研究（empirical study）有明显的进展，但没有得出令人信服的结论。①

----

① F. W. Rudmin, "Constructs Measurements and Models of Acculturation", *International Journal of Intercultural Relations* 33（2009）: 173 – 176.

第四节　个体层面改善文化适应状况的理论话语

在个体层面纷繁复杂的诸多因素中，文化适应研究的领军人物贝利一直倡导"整合"的文化适应策略，试图以此为途径达至成功的适应状态。众多文化适应研究者（Berry &Kim，1988；Ward，1996；Berry，1997a；Berry，Phinney，Sam，& Vedder，2006）认为整合的策略对于文化适应个体而言是最佳选择，寻求和成功整合的个体适应性最好，边缘化的人适应状况最糟，同化和分离策略的人处于中间位置。大部分研究表明，整合策略与焦虑、抑郁、愤怒负相关，与心理满意度正相关，它有助于学业、事业的成功，社会技能的获得和行为问题的减少。

然而在贝利的相关著作中，整合更多的是一种笼统的态度和行为取向及策略，其中的论述并不充分。既然整合是最佳的策略和选择，那么，在个体身上如何达至整合？它是如何发生的？那么我们在西田弘子（H. Nishida）的文化图式理论和贝内特（M. Bennett）以建构主义理论为基础的跨文化敏感度发展模式论中来探寻一下个体的发展、变化以及融合的可能性。

一　对文化图式进行跨文化调整

在认知层面，文化适应是个体对文化图式不断调整的过程。日本静冈大学的西田弘子（Hiroko Nishida）教授认为旅居者存在文化适应问题，是因为他们缺乏东道国文化的基本社会互动图式，那么获得当地文化的基本社会互动图式是旅居者

文化适应研究的进路

适应新环境的必要条件。① 西田弘子于 1978 年获美国明尼苏达大学传播学硕士，回国后在东京大学社会学研究所攻读博士，1987 年获社会心理学博士学位。她在明尼苏达大学求学期间与著名的传播学者古迪昆斯特一道对传播学的研究方法进行了反思和改造。传播学研究领域的客观主义信奉者认为理论应当能够解释和预测研究的现象；主观主义信奉者则认为理论应当描述研究的现象。② 而这两位学者则认为极端的客观主义或主观主义视角都是站不住脚的，要理解跨文化传播，这两种方法都必不可少，理想的方法是最终将两者合而为一。将客观主义与主观主义研究方法有效结合，是西田弘子进行适应的文化图式理论研究的起点。

图式的观点早在柏拉图时期就已经作为心理的理想模式而存在。德国哲学家康德认为每个人的经验都储存在记忆里，形成高层次的概念（higher order concepts）。心理学家皮亚杰（Piaget）在 20 世纪 30 年代用图式概念分析儿童认知能力的发展，巴特勒（Bartlett）对记忆图式也颇有研究。20 世纪 70 ~ 90 年代，心理学家认识到人类行为和其旧有的经验与其储存在大脑里的知识之间高度的关联性，他们还发现图式起到不同层次的作用，个人所独有的经验让他们获得了个人图式，社会图式更明显地显示在群体的集体知识之中，并不断地在一个社

① H. Nishida, "A Cognitive Approach to Intercultural Communication Based on Schema Thoery", *International Journal of Intercultural Relations* 23 （1999）：753 - 777.

② 这里的客观主义研究方法主要是指经验性的量化研究，而主观主义研究方法主要指深描式的质性研究。

会中再现，对人的心智产生影响。认知结构经历图式化、同化、调整、平衡的过程从而在主体结构和客体结构之间达成某种稳定的适应状态。

1999 年，西田弘子提出了文化图式理论（Cultural Schema Theory），旨在分析文化图式在文化适应中的功能与运作机制，它从认知心理学角度，解析文化图式对文化适应的影响。她对"图式"的定义是：对以往经验知识的概括性的集合，它可以被整合进相关的知识体系并在熟悉的状况下指导我们的行为。而文化图式与其他任何图式并无二异，唯一的区别是它们更明显地存在于文化群体之间，而非个人之间。文化图式是一种概念的结构，它允许个人储存与自己文化相关的、认知到的、概念化的信息，以此来解释与表达文化经验。如果一个人没有适当的文化图式，他就有可能无法适应陌生的文化环境。当一个人的文化环境提供该文化群体所有成员同样的经验时，那么群体中的个体就能获得同享的文化图式，而个人特有的图式是由个人的经验所创造的。经验是一种能够创造文化图式的力量，当一个人的经验越多，那么他们不断发展的文化图式也就越来越精细。西田弘子认为阅读有关文化书籍，参加跨文化传播培训，和东道国社会交流互动都可以获得文化体经验。

文化图式的认知行为是大脑里更深层次的复杂模式（complex pattern）。人类从他们的周遭环境中获得并保留一类信息，神经电路得以形成。由此，信息处理经验被储存在长久记忆之中。图式为大脑提供了一个基础，由此，人们可以评估在一些情形下什么行为是被期望的或者是契合情境的。并不是所有的图式都同等的重要。高层次的图式是内在化的并在情绪上有显性表现的图式；同样地，当一种图式与一个人低度相关，那么他在情绪上则是空洞并且不太关联的。

社会交往的文化图式是一种包含了一个人在一种文化环境中面对面交往的知识的认知结构。于是，西田弘子总结出八个基本社会互动图式：事实与概念图式（fact-and-concept schemas）、人的图式（person schemas）、自我图式（self schemas）；角色图式（role schemas）、语境图式（context schemas）、程序图式（procedure schemas）、策略图式（strategy schemas）、情感图式（emotion schemas）。① 她认为跨文化适应是个体"基本社会互动图式"（Primary Social Interaction Schema, PSIS）不断转变，以获得新图式的复杂过程。跨文化交流者为了适应新的文化环境，会积极地尝试重构自身的文化图式或者总结新的文化图式。

人们进入新的文化时总要进行自我调整，以适应新的环境。一种方法是改变原有文化图式，解读新的信息；另一种方法是吸取新的文化经验，获得新的文化图式，重构图式系统。有了新的文化图式之后，交际者更容易获得新的文化知识，因为对文化信息的刺激更敏感，也有更强的解读能力。图式的改变大致包括三种类型：转变（turning）、累积（accretion）和重构（re-structuring）。转变是指临时、细微的调整；累积是指逐步、永久的更改；重构是指突发、巨大的变化。在东道国文

① H. Nishida, "Cultural Schema Theory", in W. B. Gudykunst, ed., *Theorizing about Intercultural Communication* (Thousand Oaks: Sage Publication, 2005), pp. 401 – 418.

化中，旅居者经历自我调节（self-regulation）和自我导向（self-direction）两个阶段的调整；在自我调节阶段中，他们试图通过逐步修改原有的文化图式来识别模糊的情形、整合不同信息；在自我导向阶段，他们积极地重组原有文化图式或构建新的文化图式。

人们的认知过程既可能由图式驱动，也可能由信息驱动。在信息明确、交际情形熟悉的情况下，人们首先使用图式来解读信息；当信息模糊或情形陌生时，他们会依据信息来选择或调整图式。跨文化适应是交际者积累新的文化知识、改变认知结构、发展跨文化关系的过程。这个过程开始于对当地基本社会互动图式的习得，学习新的图式的过程实际上也是交际者更新认知系统的过程。在跨文化适应过程中，由于旅居者不熟悉东道国的风土人情，他们更多地使用信息驱动的认知程序，耗费较多的时间与精力，承受较大的心理负担，情绪也表现得比较焦虑，不确定性与焦虑是其自然的心理结果。面对各种陌生的情形，人们不仅能够作局部的调整，而且能够学习新的文化图式，系统地改造原有的认知结构，适应新的环境。个人文化图式与异文化的交互作用，组成一个文化图式的网络，从而产生了适当的跨文化行为。在东道国文化中获得的经验会导致个人文化图式的改变，从而导致个体行为的整体改变。

西田弘子的文化图式论解释了文化适应过程中个体在文化认知系统所发生的调整、更新、积累、整合和重构。在改进过的人格学说里，文化具有理性、非理性、记忆与经验的多维向度，认知图式也相应地呈现出多维向度。显然，跨文化交流者并不能用一些简化的方式来识别、认知文化图式。文化图式并不能完全通过语言的学习，书籍的阅读以及跨文化的教育、培训来获得，只有沉浸在具体的文化情境中才能辨识认知图式，找到跨文化沟通的路径。

二　培养跨文化敏感度

文化适应心理学家们假定个体行为由人格、知识、态度等组合而导致，但上述因素并不能回答这个问题：一些人怎么能比其他人在文化适应方面表现得更加出色。于是，米尔顿·贝内特（Milton Bennett, 1993）在以建构主义理论诠释实地考察的基础上建构出跨文化敏感度发展模型（Developmental Model of Intercultural Sensitivity, DMIS），它描述了人们怎样强化自己的文化适应能力。他强调该模式不是做普遍的实证主义假定和假设，所以它既不是情感的也不是认知上的跨文化交流模式，而是互动层面区分出的个体体验文化差异的不同阶段。文化差异的个体体验是跨文化交流活动在个体身上的具体体现，个体通过对文化差异的主导经验体现出他所处的跨文化敏感度的不同阶段。跨文化敏感发展模式认为我们越敏感地感知事物，对现实世界的体验就变得越真实。于是该模式提出了对文化差异从简单的理解和肤浅的体验到综合的、深入的体验的发展过程。文化适应过程成功与否首先取决于跨文化人群对不同文化的敏感度。① 这个模式认为个人对文化差异的主观感受是一种无意识的意义建构过程。它强调跨文化敏感

---

① 〔美〕米尔顿·J. 贝内特：《跨文化交流的建构与实践》，关世杰、何惺译，北京大学出版社，2012，第58～67页。

度是对现实的建构，而非某些特别行为的总和。人们在建构现实的过程中文化角色意识从种族中心主义向种族相对主义转换和改变。该模型将跨文化敏感度发展历程分成两大阶段，6个小阶段（见图3－6）。

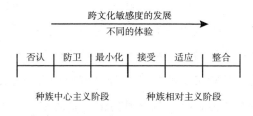

图3－6　跨文化敏感度发展模型

　　第一大阶段，种族中心主义阶段，其间又可以进一步分为3个小阶段——否认阶段（Denial），防卫阶段（Defense），最小化阶段（Minimization）。同样，第二大阶段也可以分成3个小阶段——接受阶段（Acceptance），适应阶段（Adaptation），整合阶段（Integration）。否认阶段是种族中心主义最纯粹的形式，它不考虑个体间存在的文化差异；在防御阶段，意识到差异，但认为母文化比东道国文化优越；到了最小化阶段，个体采取普遍主义的世界观，把所感受到的文化差异归入人类的相似性，把两种文化间的差异估计得最小。在跨文化适应的第二大阶段，即种族相对主义阶段，个体开始认识到，除了自己所认同的自身文化，还存在着很多与本国文化大相径庭的文化以及思维模式。个体以一种简化的相对主义的方式接受了文化差异，个人能够以他文化作为参考框架，愿意改变行为和态度去慢慢适应东道国文化，最后个体采用了双文化的视角，利用多种文化框架为参照与东道国文化的融合，个体在两种或两种以上的文化边缘建构自我身份，在不同的文化世界观中自由转换。

跨文化敏感度发展模型中使用"阶段"一词，是因为每个阶段都建立在前一阶段的基础之上，并一般按照这样一个发展顺序而发生，但这里"阶段"的概念不应被当作一个标签，实际上这些经验不同程度地并存在我们所有人身上，因此，发展轴线上的某个阶段指的是"主导性的经验"。例如，具有接受主导经验的个体在某些场合有防范经验而在另一些场合有最小化经验。发展敏感度不是从一个阶段迈向另一个阶段，而是沿着发展的顺序转换我们最强的主导性经验。

前三个阶段具有种族中心主义倾向，个体的自身文化以某种方式被当作现实中心而体验。有否认主导经验的个体对文化差异不感兴趣，不惜以极端的方式避免或消除冒犯他们的文化差异。有防卫主导经验的个体把自身文化当作唯一可行的文化和好的生活方式，他们更容易感受到文化差异的威胁，所体验的文化差异是幼稚的、刻板印象式的。他们的世界被"我们"和"他们"的概念所左右，自身的文化高于一切，其他文化处于次要地位。最小化经验是指将文化差异纳入熟悉的范畴追求相似性，将自身文化的世界观元素当作放之四海而皆准的普世价值观。这些普遍的绝对性模糊了文化差别，把其他文化淡化或美化。这个阶段的个体虽然变得更加宽容，但没有能力对文化差异有深度的体验，它是种族中心主义和种族相对主义之间的过渡阶段。

后三个发展阶段是种族相对主义的。在接受阶段，个体把自身文化作为纷繁复杂的、多样的世界观之一，他们能通过辨别文化间的差异建构自我反省式的观点，在各个文化之间进行相关的对比。适应阶段指在对东道国文化的体验中产生出适用那个文化的思想和行为，新的认知信息被组织、综合用来指导生活。适应阶段的个体能够进行文化移情，这是一种能站在对方角度理解他文化的能力或转换观念的能力。这种转换不仅是认知上的，还包括情感与行为在内的活生生的经验的转变。适应是一种延伸而不是替代，它会导致一种相互的调整。最后，当个体主导经验处于整合阶段时，自我延伸到更广博的文化世界观之中，他们可以有意识地运用建构主义观点定义每个人的文化认同，产生出看不见的"第三文化"。

　　成功的文化适应依赖于多文化的融合，众多的文化适应理论探讨到最后聚焦于"整合"这一概念。学者博斯基（Boski）则对个体的整合和发展有着这样的理论构想。① 该构想认为，如果个体有整合的态度倾向，在第二步他将会对两个文化子集在认知和评价上进行整合（culture perception and evaluation）。在两个文化子集中寻找相似点或相同之处或生成第三种文化。接着，第三步是功能性的专门化（functional specialization），即在生活的混合区和缓冲区产生整合，但与此同时他们在私人领域和公共领域很可能有着不同的适应策略。人类生活分为私人空间和公共空间等不同的领域，其间的行为规范是完全不同

① P. Boski, "Five Meanings of Integration in Acculturation Research", *International Journal of Intercultural Relations* 32（2008）：142 – 153.

的。一些研究表明（Arends-T Arends-Tòth & Van de Vijer，2003），对一些移民而言，保持文化传统是关上门之后的事，他们的家庭生活呈"分离"的倾向，在公共空间呈"整合"的倾向，而"同化"是工作场合中为了生存的无奈之举，私人空间的分离帮助他们保持心理上的延续和稳定。① 在此阶段，整合意味着家庭生活的分离和公共空间的同化，这两个方面的融合是移民们切合实际的一种选择。

更高层次的整合是双文化人（bicultural person）的形成。作为双文化人，他有能力应对两种文化身份，在两种文化的和谐和冲突中形成自己的代码转换机制（code switching mechanism）。随着居住时间的推移和生活的历练，他们对双语应用自如，对两个文化中标志性的象征物产生认同，并且能够形成自己的代码转换机制让两种文化在身上和谐共存。整合的最高层次是：异质文化和个体自主之间的对立统一（cultural heteronomy-autonomy of self），在多元文化的环境中个体形成自我的文化自主性（cultural autonomy of the self），它是最高层次的种族相对主义的边缘化（ethnorelativist marginalisation），这时的个体不受两种文化的束缚，变得更加自由和自主。

"整合"（integration）无疑是文化适应研究中最重要的关键词之一。但实际上，并不是所有的人能成功地过渡到一个多文化视野的整合。詹尼·贝内特（Janet Bennett）区分了"建

① J. Arends-Tòth & F. J. R. Van de Vijer，"Multiculturalism and Acculturation: Views of Dutch and Turkish-Dutch"，*European Journal of Social Psychology* 33（2003）: 249 – 266.

设性的边缘性"（constructive marginality）和"压缩的边缘性"（encapsulated marginality），前者达到更高层次的变异和融合而后者则导致心理上的崩溃。[①] 两者都从原文化步入到一个文化"真空"（cultural void），它超越了既存的社会习俗。建设性的边缘人（the constructive marginal）在跨文化协商过程中处于中间人（go-betweens）的位置，他把这一真空看作个人的创造空间；而压缩的边缘人（the encapsulated marginal）则一片茫然、不知所措，所有文化上的标准已经确立，自己做什么也无济于事，他们的绝对自我感在文化冲突面前被击碎。超越文化既定的准则意味着个人要么开始果断地建构自己的身份，要么迷失身份、觉得自己"离乡背井"、无根漂泊、被疏离或过分地自我专注，形成多重人格。在跨文化敏感度发展过程中，个体不断向更高层次演变以应对文化差异，最终成功地适应新环境。个体在不同阶段的演变表明他们已经克服想要把母国文化作为中心的倾向，愿意按照文化环境调整自己的行为取向。最后个体将其他文化的元素融入自身的身份认知中，转变成双文化甚至多文化的人。

哈默等（Hammer, Bennett & Wiseman, 2003）的研究表明，跨文化敏感度差的个体始终难以找到平衡，他从第一阶段开始就表现出倾向于简化或极化文化差异，一直到最后阶段，他对文化身份的转化还是感到明显的不适，要么不适应多元文

---

① Janet M. Bennett, "Cultural Marginality: Identity Issues in Intercultural Training", in R. M. Paige, ed., *Education for the Intercultural Experience* (Yarmouth, ME: Intercultural Press, 1993), pp. 113 – 118.

化身份，要么无法转化相互冲突的文化观念。① 那么，跨文化敏感性成为影响文化适应状况的重要因素，这也解释了一部分人文化适应状况差的原因。回应金洋咏的压力成长论，实际上并不是所有的人在压力下都会适应、成长。

杰克逊（Jackson）根据贝尼特的"跨文化敏感度发展模式"，以在英国短期学习 5 周的中国学生为案例，考察他们跨文化敏感度和跨文化传播能力的状况，研究证实了跨文化敏感度发展模式的假设，即一个人感受到的文化差异越多，他的跨文化处理能力会越强。杰克逊指出，跨文化敏感度和跨文化传播能力不是一个人生活在另一个国家就自动具备的，它需要培养和训练。如果跨文化教育者意识到这一点，设置相应的培训课程，可以解决文化适应中存在的问题。②

这样培养跨文化敏感性成为个体走出褊狭与固执通向人格平衡，适应新文化的可能路径。那么如何欣赏并接受文化差异，获得跨文化敏感度？贝内特认为同异文化接触并不能自动转化为跨文化学习，因为跨文化学习实际上是对主观文化环境（如价值观等）的了解，它包括个体自身文化的了解，这样才能提高敏感度，提升自己跨文化交往的能力。所以，贝内特倡导外语及跨文化的学习。他认为如果个体能够很好地掌握新文

---

① M. R. Hammer et al. , "The Intercultural Development Inventory: A Measure of Intercultural Sensitivity", *International Journal of Intercultural Relations* 27 （2003）: 421 – 443.

② J. Jackson, "Globalization, Internationalization, and Short-term Stays Abroad", *International Journal of Intercultural Relations* 32 （2008）: 1 – 10.

化环境的主流语言，就很容易进入种族相对主义阶段；反之，如果个体不能很好地掌握目的语，就更容易处于种族中心主义阶段。这样，这一层面的研究最后归入了文化学习的理论范畴，但他强调学习者应将大部分注意力放在体验另一种文化世界观上，身临其境与当地人交流互动从而感受学习主观文化。

小　结

本章重新审视了个体层面文化适应的理论话语。文化适应问题首先表现为个体的心理问题，即个体在文化冲击中所呈现的心理变化。这些理论话语致力于建构跨文化的文化适应普遍性的规律，其中最有代表性的是文化适应的病理论、阶段论和态度和行为上的策略论。病理论只看到文化适应对个体短期的负面影响，而忽略了个体在文化适应压力下的蜕变和成长。阶段论和曲线模式论视文化适应为线性的发展过程，实证证明文化适应过程并没有呈现跨文化的普遍性的相同轨迹。而盛行的策略论因其笼统性和概括性仍在不断地被学者们扩展和丰富。个体心理层面的文化适应研究通常有着普遍主义思维，它以同样的方法、程序、概念和理论应用于不同的社会和文化，于是这些理论建构体现出多样化的文化个体与普适性的心理诠释之间的矛盾。

当然，这一层面研究向我们细致、深入地揭示了文化适应个体在认知、态度和行为上可能产生的变化。大部分研究表明，整合是个体最佳的选择，而整合本身具有历时性、渐进性、复杂性和多样性。整合要求个体在认知上通过对文化图式进行调整、整合、重构，通过培养、发展跨文化敏感度，让自我得到拓展和延伸。个体的主观文化是其个体特征和群体社会化结合的产物。只要个体有足够的动机，在社会实践活动中通过学习主、客观文化，完全可能成功地完成文化适应的蜕变和成长。

但实际上，个体的选择并不是自觉决定的结果，有可能改变自己或整合两种文化是一回事，而最终达至良好的适应状态、实现所追求的目标则是另一回事。那么，整合在社会交往层面是怎样实现的？它需要放在传播关系中进行进一步考察，在人际和群体间的传播关系中寻求答案，因为文化适应是个体第二次社会化的过程，在传播互动关系中才能产生真实的体验和经验，外部的客观文化通过社会化而被内在化，而主观意义又通过角色行为而被外在化，主体间的常识世界才得以建构而成。

第四章

人际、群体间的文化适应研究：
自我与他者之间平衡点的寻觅

　　个体层面的研究者发现、诊断出个体接触新文化过程中承受的压力，并试图找出这些心理变化的前因和后果，他们努力寻求文化适应的融合之道。然而文化适应问题仅仅停留在个体心理层面是难以解决的。"自我"并非我们与生俱来的属性，而是通过与他人之间的长期互动而获得的，文化适应压力是交往活动在个人身上的体现。于是学者们从另一个角度开出了药方，试图从传播关系中找到答案，通过有效的传播来应对文化适应问题。因为文化适应是二次的社会化过程，而传播是社会生活的基本形式。个体在这一过程中的认知、情感、态度和行为方面的变化与他们的人际社会交往息息相关，而传播是人际关系赖以成立和发展的机制。从这个角度来看，文化适应就是个体进入不熟悉的异文化环境，跟当地社会的个人、群体或者组织互动的过程，是他们的身份和认同重新调整、定位的过程，也是他们传播网络重新建构的过程。

社会中人都需要通过人际交往建立自己的社会网络获取社会支持和社会资源。从某种意义上说，人的社会化程度与其编织传播网络和利用已有的传播网络的能力呈正比。跨文化适应个体通过与他者的交往逐渐在心理和社会层面发展成熟起来，他们通过正式或非正式的接触寻求社会支持来应对生活中的困难和机遇。这种在特定语境中保持和建立起来的传播关系对于认知、情感和行为能力的培养至关重要。学者们通过研究跨文化交流者在人际、群体层面的传播关系及有效的传播为文化适应问题提供解决方案。他们把这一层面的问题和冲突转化为自我调适管理，人际和群体间的传播沟通技巧等实用性层面，但他们在执着于与东道国文化社会融入度的提高和社会距离的拉近的同时，却忽略了陌生人的文化自主性与异质文化之间的平衡，容易在理论构建中迷失了自我与他者之间的平衡点。

第一节　陌生人：文化融合的迷失

一些传播学者如金洋咏和古迪昆斯特关注到了旅居者和东道国文化之间的交流和传播，古典社会学中的"陌生人"（strangers）概念在他们的理论框架中得到复活和拓展，这是一个能够进一步揭示外乡人与当地文化环境之间的传播关系的重要概念。追溯拓展这个概念，跨文化传播研究者开辟了另一条研究文化适应现象的路径。

一　"陌生人"概念的复杂化与文化适应者的拓展

"陌生人"概念可以追溯到德国社会学家盖奥尔格·西美

尔（Georg Simmel），他首先在《社会学——关于社会化形式的研究》一书中提出了这一概念。① 在西美尔那里，"陌生人"与我们的关系不近不远，是一种由远和近、冷淡和关怀构成的特殊形态，这种距离是由他们与当地人之间的传播关系决定的。西美尔所说的陌生人身份，是通过一定的传播互动关系界定出来的。它是由陌生人在一定情境下与当地人之间的社会距离决定的，人们不应只根据一个量化的指标来确定陌生人的身份。陌生人用不同于我们的方式观察社会系统，有着远距离视角，不受约束，更容易摆脱社会规范；在与群体的交往时拥有多元文化视角，他们是文化体系之间的漫游者。可以说陌生人有着双重文化视野，他们身上显现着跨文化传播的基本元素：社会距离、跨界生存、同质与异质的关系、开放的文化系统。②

陌生人对世界有种超然的态度和疏离感，他是某种形式的对立统一。在空间上的跨界生存状态使陌生人在其中又在其外。在西美尔那里，陌生人最初与商人的形象结合在一起，他们和本地人建立起来的是一种"功能性"关系，而非基于情感的联结。这种关系一方面使他们可以获得更大的自由，而另一方面他们也会呈现出情感的空洞化和精神的失落。与自由相随的意义感的丧失和无处为家的感觉内在地表达了陌生人与当地社会的紧张关系以及由此带来

① 〔德〕盖奥尔格·西美尔：《社会学——关于社会化形式的研究》，林荣远译，华夏出版社，2002，第512页。
② 单波：《跨文化传播的问题与可能性》，武汉大学出版社，2010，第33页。

的不安和焦虑。①

芝加哥学派中的代表人物帕克（Robert E. Park）有着很深的社会学渊源，他曾在柏林大学师从西美尔。他把传播置于社会化过程的中心，对传播与自我和社会意识的关系，传播在民主社会中的功能做了多层次的探讨。帕克在许多地方引述杜威（John Dewey, 1859 - 1952）对"传播"所下的定义，认为它是一个社会心理的建构过程，在这个过程中个人能够在一定程度上假设他人的态度和观点，这一过程构建起人们之间合理的和合乎道德的秩序。② 可以说，个体是在与他人的传播关系中存在和成长起来的。

帕克进一步把"陌生人"概念拓展为"边缘人"（marginal man）概念，其定义为："一种文化混合体，他生活在两种人群之中，分享他们的文化生活和传统；他不想与自己的过去和传统决裂，但又由于种族偏见在新的社会中没有被接纳。"③ 在他的著作《边缘人》（1937）之中，帕克将边缘人概念延伸到旅居者（sojourner），而旅居者后来成为跨文化传播研究者最热衷的研究群体。④ 在该书中，他认为身处两种文化中的边缘人的头脑成为熔炉（crucible），两种截然不同、耐高温的文化在其中熔化，部分或全部融合。

---

① 陈蓓丽、何雪松：《移民的陌生人意象》，《华东理工大学学报》（社会科学版）2012 年第 3 期。

② 转引自陈静静《移民报刊与文化适应》，载郭建斌主编《文化适应与传播》，云南大学出版社，2007，第 36 ~ 37 页。

③ R. E. Park, "Human Migration and the Marginal Man", *American Journal of Sociology* 33（1928）：881 - 893.

④ 维基百科，http：//en. wikipedia. org/wiki/Robert_E. _Park.

在帕克那里，"边缘人"的心理状态摇摆悬浮在两种文化世界之中，但不属于任何一种，在两种文化世界中体验着心理上的不确定性，不清楚自己是谁、不知道该如何生活，他们不属于其中的任何一种。"边缘人"概念也是约翰·贝利建构文化适应策略理论时所参考的经典概念之一。

帕克探讨了人类互动的四种基本类型——竞争（competition）、冲突（conflict）、调适（accommodation）和同化（assimilation）。在19世纪末20世纪初的美国贫困、犯罪、种族歧视、移民潮等成为突出的社会问题，城市成为社会问题的重灾之地。帕克等人率先展开城市生态工作考察，建立了芝加哥城市生态模型：所有的群体都在为获得可利用的资源在斗争，不同的群体在最初接触之后会发生冲突，冲突过后是其适应阶段，各自的界限被明确地标示出来，然后进入分离阶段，最后他们过渡到同化阶段。这一简单而略显幼稚的理论成了早期文化适应理论的代表性模板，帕克试图用它来解释移民融入新型社会，农村等非工业化社群融入工业化社会，有色人种融入白人主导的主流社会的一般过程。

自从文化人类学者爱德华·霍尔（Edward Hall）创立跨文化传播领域以来，在该领域逐渐展开了对异质文化的文化表征的比较研究。社会学渊源的传播理念在跨文化传播研究中未受到重视，直到1984年古迪昆斯特和金洋咏（Gudykunst & Kim, 1984, 1993, 1997, 2007）继承和发展了西美尔的"陌生人"概念。他们重新燃起了学界对陌生人概念的关注，并开始把跨文化传播看作是与陌生人交际的过程。对他们来说，"陌生人"是了解跨文化传播的核心概念。陌生人的概念由此变得宽泛，它是指进入一个相对未知和不熟悉的环境的人，他来自不同的群体，为系统内的人所不了解。[①] 这样任何有着不同文化背景的人都是陌生人，每一个有陌生感的人都是陌生人。他们指出，所有的交流在某种程度上都是跨文化交流，和一位同种族同语言的同事之间的互动，与和一个完全不同的因纽特人之间的互动没有质的区别，只有陌生程度（degree of strangeness）的区别而已。

他们对陌生人的理解突破了跨文化传播界以往僵化的国家文化的边界，将跨"文化"研究拓展到不同性别、种族、社会经济地位、年龄等其他影响人类传播行为的层面。"陌生程度"的概念则进一步淡化了种族间的界线，为我们更加细致地去理解各个不同层面的群体文化铺平了道路。这样，一个南部偏远小镇的美国老太太来到大都市纽约所面临的文化适应问题并不比来纽约的一位中国高级商务人士所面临的文化适应问题少，其陌生程度是问题的关键。可以说，跨文化交流者（陌生人）都会遭遇文化适应问题，这样文化适应的研究对象也随之变得宽泛。

金洋咏认为陌生人经历过某种文化濡化过程，有过在另一文化中的社会化经历，他们与东道国文化间有着直接的、持续的传播行为，以此来满足他们的个人与社交需要。[②] 根据这一

---

① W. B. Gudykunst & Y. Y. Kim, *Communicating with Strangers：An Approach to Intercultural Communication*（4th ed.）（Shanghai：Shanghai Foreign Language Education Press，2007），p. 24.

② Y. Y. Kim，"Cross-cultural Adaptation：An Integrative Theory"，in R. L. Wiseman，ed.，*Intercultural Communication Theory*（Thousand Oaks：Sage，1995），p. 175.

定义，如果只有物理空间的移入，与东道国社会没有发生传播行为、社会交往行为，算不上真正意义上的陌生人。她认为，在新的环境中陌生人与当地人产生交流，逐渐去适应东道国的社会文化，他们的融合程度依赖于与东道国文化社会的互动。

可以看到，"陌生人"概念在一个多世纪里已被学者们赋予了不同的内涵，和最初西美尔的概念已相去甚远。西美尔那里的陌生人是自主的、自由的，与他者的社会距离既不远又不近。但到了当代传播学者这里，文化同化似乎成为陌生人唯一的宿命。这样，学者们就一直在着手研究如何通过传播关系构建与当地人共享的知识体系，以拉近与东道国文化的社会距离。在这些研究中，以古迪昆斯特的"跨文化调整的焦虑与不确定性管理理论"以及金洋咏的"跨文化适应与传播整合理论"最为著名，另外贾尔斯（Howard Giles）也提出了"传播适应理论"，该理论从语言适应现象出发探讨了不同情形中人际和群体间希望构建和维系的社会距离。

二　焦虑与不确定性管理理论：可预测性和新奇性之间的平衡

在上文中曾提到个体层面的文化适应研究聚焦到"文化适应压力"问题，因为压力会导致焦虑、忧郁、精神病症等等现象，心理学者会更多地从人格、个人的认知、态度、行为上去探究，传播学者则从传播关系中去找答案。古迪昆斯特（Gudykunst，1948－2005）就是其中的一位，他有着社会学的学术背景。在美国亚利桑那州立大学（Arizona State University）获得社会学学士和硕士学位后，他曾在美国海军驻

文化适应研究的进路

日本横滨基地担任了三年的跨文化关系研究专家，在培训驻外美军的实践中逐渐建立自己的理论框架。他发现人们在跨文化交往中首先需要一种安全感，跨文化交往的焦虑和不确定性严重影响了传播的进展和效果。于是他投身跨文化传播研究，致力于构建人际与群体间传播的有效性理论。

古迪昆斯特所建构的传播有效性理论基于对伯格（Berger）和卡拉布雷西（Calabrese）的不确定性消解理论（Uncertainty Reduction Theory，1975）检验和改造之上。1985年，古迪昆斯特提出了自己的焦虑/不确定性管理理论（Anxiety/Uncertainty Management），用以解释人际和群体间传播的有效性。该理论认为，管理不确定性和焦虑是有效传播（communication effectiveness）的关键所在，在与陌生人的最初互动过程中个体力图减少不确定性和误解，这将有利于人际和群体间的互动。[1] 1998年，古迪昆斯特和海默尔（Gudykunst & Hammer）加入了文化变异（cultural variability）的变量——霍夫斯泰德的文化四维度（个体与集体主义、不确定性规避、权势距离以及男性与女性气质），将其拓展到文化适应领域，称之为"跨文化调整的焦虑与不确定性管理理论"（Anxiety/Uncertainty Management Theory of Adjustment）。[2]

---

① W. B. Gudykunst, "A Model of Uncertainty Reduction in Intergroup Encounters", *Journal of Language and Social Psychology* 4 (1985): 79 – 98.

② W. B. Gudykunst, "Applying Anxiety/Uncertainty Management (AUM) Theory to Intercultural Adjustment Training", *International Journal of Intercultural Relations* 22 (1998): 227 – 250.

这一理论认为旅居者（sojourners）就是进入新文化环境的陌生人。当他不了解东道国国民的态度、情感、信仰和价值观时，就会产生不确定性。当他与东道国国民交流时，由于认知上的不确定、行为上的不知所措，就会引起紧张不安和焦虑，导致"文化休克"。跨文化交际过程中人们对不确定性的承受有一定的限度，当它超过最高限度时人们难以进行有效的交际，当它低于最低限度时交往往往限于单调与乏味，理想的状态是使不确定性介于最高和最低限度之间，在可预测性和新奇性之间形成动态平衡。为此，陌生人必须进行有效的传播，准确地预测和解释东道国国民的行为，管理其焦虑和不确定性。那么，旅居者必须留意（become mindful），细心观察并开放地接收新信息，通过学习来了解有关的语言文化知识，注意到文化异同，重新学会交往与沟通的技巧与规则，意识到其他可选择的文化视角从而做出更准确的判断，更好地适应新环境。

古迪昆斯特认为，理论由变量、定理（theorems）和公理（axioms）组成，并有其适用的范围、分析的层次以及对实践的预测和指导作用。定理直接说明变量之间的因果关系和密切联系，公理是定理的逻辑组合。为使其理论具有实用性，古迪昆斯特发展出 94 个定理，在 2005 年更新的理论中提炼、简化到 47 个定理。[1] 较新版本的跨文化调整的焦虑与不确定性管理

---

[1] W. B. Gudykunst, "Anxiety/Uncertainty Management (AUM) Theory", in R. L. Wiseman, ed., *Intercultural Communication Theory* (Thousand Oaks: Sage, 1995), pp. 8 – 58.

文化适应研究的进路

理论在八个层面展开:自我概念(self-concept),与东道主互动的动机(motivation to interact with hosts),对东道主的回应(reactions to hosts),对东道主的社会分类(social categorization of hosts),情境过程(situational process),与东道主的联系(connections with hosts),伦理方面的互动(ethical interactions),以及东道国的文化条件(conditions in host culture)。这些变量都是表面原因,最后协同起来对不确定性和焦虑直接产生影响,而认知上的不确定性和情感上的焦虑则作为基本原因和核心变量对跨文化文化调整(intercultural adjustment)的结果产生直接影响(见图4-1)。

焦虑/不确定性管理理论从跨文化的心理因素开始关注,从另一个视角研究并试图解决文化休克问题,文化休克导致了紧张、焦虑和不确定性,而它又直接影响了跨文化适应状况。在古迪昆斯特的体系中焦虑和不确定性这一心理因素被放在了决定文化适应状况的首要位置,他试图从传播关系的研究中去管理这一影响因素。从他研究的定理中可以知道:具有明确的自我意识、自尊心强、具有积极的动机去适应、对东道主有多元化态度和积极的回应(移情能力强、对模糊容忍度高)、理性地进行社会分类找出文化异同之处、在情境过程中营造宽松氛围与合作性关系、与东道主建立相互依赖的关系、相互尊重以及东道国的多元文化环境等方面的努力可以降低个体的焦虑和不确定性。

古迪昆斯特把其研究陌生人的人际与群体间有效传播的AUM理论直接运用在跨文化适应领域,因为在他看来:所有的跨文化交流者都是陌生人,都存在跨文化适应问题;只要管理了不确定性/焦虑就达至了有效的传播,也就解决了文化适

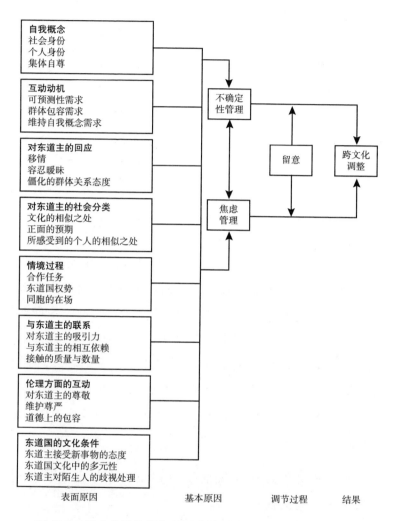

图 4 - 1 跨文化调整的焦虑与不确定性管理（AUM）理论图

资料来源：W. B. Gudykunst，"An Anxiety/Uncertainty Management（AUM）Theory of 'Strangers' Intercultural Adjustment"，in W. B. Gudykunst, ed., *Theorizing about Intercultural Communication*（Thousand Oaks：Sage Publications, 2005），p. 445.

应问题。古迪昆斯特在理论框架中试图找出八个大的变量和不确定性/焦虑之间的关系，在每个变量又包括若干因变量（具体的定理）深入到传播实践之中以指导具体的现实活动。这一框架条理分明，从传播实践着手为个人心理层面没法解决的焦虑问题，为文化休克或文化适应压力问题提供了一些实用性的解决方法。但是在另一方面，由于过分强调理论的实用功能，古迪昆斯特没有理清这些定理之间的关系，也没有阐述八个大的变量之间的逻辑联系，所以就整体而言，这一理论体系显得零散而没有层次，没有构建起相互关联的知识体系和有机的系统。

文化适应（跨文化调整）的关键在古迪昆斯特那里是通过有效的传播管理焦虑和不确定性。如果自我把对他者的陌生性调整到可预测性和新奇性之间，也就达成了一种心理平衡，这样就管理好了焦虑和不确定性，也就解决了文化适应问题。其实，这一理论只解决了个体对安全感的一种需求。实际上，个体还有更高层次的追求和需求——对归属与爱的需求、尊重的需求以及他们对自我实现的需求。所以，个体和群体的文化适应问题远非只是管理焦虑和不确定性，把陌生性控制在一定数值范围之内的事情。

三　跨文化适应与传播整合理论：文化自主性与异质文化之间的失衡

跨文化适应与传播整合理论第一次被金洋咏全面阐述是在《传播与跨文化整合》（*Communication and Cross-Cultural Adaptation: An Integrative Theory*，1988）一书中，而较新的理论则呈现在《成为跨文化人：跨文化适应与传播整合理论》

（*Becoming Intercultural：An Integrative Theory of Communication and Cross-Cultural Adaptation*，2001）之中。金洋咏是韩裔美国人，她在首尔国立大学获得本科学位，1970 年来到美国在夏威夷大学攻读言语传播学硕士学位。之后她继续深造，1976年获得美国西北大学传播学博士学位。她的博士论文是基于对芝加哥地区的韩国移民的一项调查，从此她开始关注美国移民、难民和少数族群，展开了对跨文化适应现象的一系列原创性的研究。这些实证研究为她在后来构建一个全面的、综合性的跨文化适应理论打下了一个坚实的基础。

金洋咏在研究的最初阶段受到古迪昆斯特的影响，注重实证与归纳以及各变量之间的线性逻辑关系，他们合作出版过一些重要著作，其中包括《与陌生人交际：跨文化交流方法》。后期她看到这一研究方法的片面性，认识到文化适应研究中描述和解释的重要性，开始强调文化适应不是某个具体的、可拆分的单元或变量，而是个体在新的文化语境中全部的变化过程。

跨文化适应与传播整合理论（Integrative Theory of Communication and Cross-cultural Adaptation）认为人类有内在的适应能力，个人对社会环境的适应通过传播实现。金洋咏把传播置于研究的核心位置。她认为，适应包括文化学习（acculturation）和文化去除（deculturation）两种形式，文化适应的最终结果是文化同化（assimilation）。① 这样，陌生人在社

----

① W. B. Gudykunst & Y. Y. Kim, *Communicating with Strangers：An Approach to Intercultural communication* (4th ed.) (Shanghai：Shanghai Foreign Language Education Press, 2007), p. 360. 相比较约翰·贝利（John Berry）而言，金洋咏在此把 acculturation 的内涵缩小了很多。

会整合中最终被收编到东道国主流文化之中。

在这一过程中，人际传播和大众传媒消费是文化学习过程中最显著的形式。它为个体提供了能够认识他们所处的新环境的基本方法。在新的文化环境里，与当地居民的人际交流能够促进文化适应，另外更多地使用东道国的大众媒体能够增强文化适应的能力。金洋咏认为移民和旅居者对东道国社会的综合认知受到语言能力（language competence）、适应动机（acculturation motivation）以及渠道接近（channel accessibility）的影响，可以通过人际交流和大众传播体验来获得。① 与当地人的直接交流不仅可以帮助旅居者获得有关当地社会的第一手资料，还会有效地减轻孤独感和文化适应所带来的压力。而他们对东道国大众媒体的接触则可以使他们在短时期内对当地社会进行直观全面的了解，因为大众传媒种类多样，内容包罗万象，涉及东道国的历史、传统风俗、艺术形式等诸多方面。

文化适应是通过个人传播（personal/intrapersonal communication）和社会传播（social communication）实现的。这一过程中，个体的变化反映在认知、情感和行为三方面，金洋咏归之为跨文化适应中的"个人传播"（personal communication）或"人内传播"（intrapersonal communication）。而社会传播（social communication）则包括有两种方式：人际传播（interpersonal communication）和大众传播（mass communication）。人际传播

---

① Y. Y. Kim, "Communication Patterns of Foreign Immigrants in the Process of Acculturation", *Human Communication Research* 4 (1977): 66 – 77.

的核心被金洋咏构想为"与东道国的交往能力"（host communication competence），随着与东道国的交往能力的提高，个体能更准确、有效地参与到东道国的社会文化之中。在一定时间内，与东道国的交往能力反映了个体的适应状况，缺乏这种能力就会导致各种传播失误和交际失败。

因为文化是可以习得的，所以个体可以通过文化学习提高自己对东道国的认知水平。文化学习可以使陌生人认识到文化间的差异，提高他们的跨文化敏感度，增强他们从不同角度思考的能力，并调整自己与东道国的关系。除了认知模式以外，个体同时也会学习到东道国文化的情感方式，并在情感取向、审美等方面中体现出来。文化适应需要个体最终在行为层面有能力符合东道国文化的规范。他们的行为能力包括两方面的技能：技术技能和社交技能（technical and social skills）。技术技能包括语言、工作和学业能力。金洋咏认为，与东道国的交往能力由行为技能、认知模式和情感方式三方面构成。在这一理论框架中，个体与东道国的交往能力是适应的关键，只有增强个人技能，构建与东道国国民共享的认知模式和情感方式才能真正适应东道国社会。

在金洋咏那里，适应既不是自变量也不是因变量，而是一个整体。在她的体系里影响文化适应的核心因素是：与东道国的交往能力（host communication competence），它受到与东道国的传播活动，与本群族的传播活动，东道国的大环境以及个人性情特质（predisposition）的影响（见图 4 - 2）。影响跨文化适应的环境因素大体有三个：（1）东道国的接纳程度（host receptivity）；（2）东道国的同化压力（host comformity pressure）；

（3）种族群体的力量（ethnic group strength）。个人特质又包括：对变化的准备程度（preparedness for change）；族群的接近程度（ethnic proximity）；人格的可塑性（adaptive personality）。旅居者通过个人传播和社会传播，随着交流的逐渐适应和深入，容忍度和开明程度得到锻炼，最后形成多元文化的理念，实现跨文化的转变（intercultural transformation）。个体身上跨文化的转变体现在三个方面：功能上的健全（functional fitness）；心理上的健康（psychological health）；跨文化的身份（intercultural identity）。

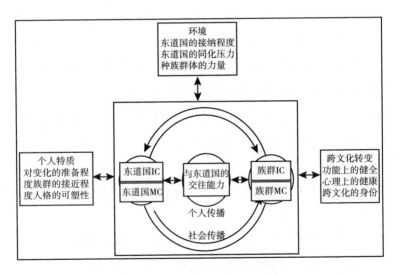

图 4 - 2　金洋咏的跨文化适应结构模型

注：IC = interpersonal communication（人际传播）；MC = mass communication（大众传播）。

资料来源：Y. Y. Kim, "Adapting to an Unfamiliar Culture", in W. B. Gudykunst, ed., *Cross-culturral and Intercultural Communication* (Shanghai: Shanghai Foreign Language Education Press, 2007), p. 251.

影响文化适应的因素在图 4－2 中的 6 个不同维度（环境、个人特质、与东道国的交流、与本群族交流、与东道国的交往能力、跨文化转变）展开，每个维度的因素都直接或间接地促进或阻碍跨文化适应进程，既影响其他维度的因素，同时又受到其他层面因素的影响。各个层面以及相关因素之间的互动关系构成了金洋咏跨文化适应理论的结构模型（A structural model）。古迪昆斯特的 AUM 理论聚焦于对焦虑和不确定性的处理；贝利的文化适应理论重点分析适应策略与其他因素之间的关系。金洋咏的理论比较全面地分析了陌生人在新的文化环境中所经历的外在与内在的转变。① 紧张——适应——成长的动态过程是其整合理论的核心，这种系统的平衡与发展之间的张力成为跨文化适应的根本动力。

陌生人的跨文化身份有着复杂的演变过程，旅居者经过长期的、日积月累的跨文化体验，个体经历了逐步的变化，不断地实现着自身的成长与发展，渐渐地他们不仅能够包容东道国文化，同时对其来源国文化的理解也会更加深入，与此同时他们对自身也会有更加深刻的认识，他们整合了不同的文化视角，不仅理解群体间的深刻差异，而且了解人类处境的相似性，把迥异的文化元素融合成新的独特的东西。在全球化语境下，自我在这个世界上更加开放、灵活和包容。新的"跨文化人格"在自我和他者，个体化和普遍化的相互作用中形成，超越了种族中心主义，形成了自己独特的新的文化，这是人类

---

① 戴晓东：《跨文化交际理论》，上海外国语教育出版社，2011，第 186 页。

发展的一种可行的模式。① 陌生人的跨文化身份开放地在自我和他者间不断地调整和改变，不断地自我更新，实现了个性的超越（personality of transcendence），这样的个体才会更加自由。

可以说，金洋咏 2008 年对"跨文化人"（intercultural personhood）的论述，实际上是对自己 2001 年陌生人文化同化论的一次修正，她意识到自己长期以来忽略了陌生人的文化自主性和异质文化之间的平衡问题。这一修正向西美尔所构想的自由、自主的陌生人概念靠近了一步。金洋咏的跨文化适应模型涵盖了传播中的主要层面，而且对各个层面间的相互联系也提出了较为全面而令人信服的诠释。其理论话语的核心是个人传播能力的提高，它依托社会传播（人际传播和大众传播）而实现，从而回避了复杂的社会矛盾以及资源、权力的争夺与分配的现实。实际上，文化适应状况在政治经济、社会文化的他者化裹挟之下，已延伸到各种社会矛盾之中。

四　传播适应理论：社会距离的建构与维系

金洋咏的传播整合理论对历史语境考察的缺失在另一位学者霍华德·贾尔斯（Howard Giles）建构的传播适应理论（Communication Accommodation Theory）框架中得到了关注和考察。在人际互动中，个体身上所产生的变化是多方面的，其

---

① Y. Y. Kim, "Intercultural Personhood: Globalization and a Way of Being", *International Journal of Intercultural Relations* 32 (2008): 359 – 368.

中言语上的变化是最为明显的地方之一，这是一个充满活力的互动考察场。

贾尔斯从言语的同化和异化现象入手，着眼于研究不同文化环境中人们彼此交流、互动中言语和行为上所发生的变化，进而探究人们在跨文化交流中相互影响的方式及其社会心理原因。贾尔斯是"传播适应理论"的主要代表人物，他于 1971 年在英格兰布里斯托尔大学（University of Bristol, England）获社会心理学专业博士学位，并留校任教，1996 年以论文《语言多样性的适应与评估》获得科学博士的头衔，其职业生涯始于英国，1989 年贾尔斯离开布里斯托尔大学，前往加州大学圣芭芭拉分校传播系担任全职教授至今。

传播适应理论是从言语适应理论发展而来。20 世纪 70 年代，贾尔斯就从人际和群际传播中观察到语言、群际关系及其种族问题。80 年代初，贾尔斯等从社会心理学角度提出了"言语适应理论"（Speech Accommodation Theory），这一理论着重强调主观情感、价值和动机等因素在言语灵活性中的重要作用，分析了言语交流和二语习得中出现的言语变体现象的内在原因。在与他人进行沟通的过程中，说话者使用言语趋同或趋异的策略，分别来缩小或拉大彼此间的社会距离。① 言语适应理论主要关注到三种现象：第一，趋同（Convergence），它指在相互交流中个体试图改变自己的言语模式以适应他者，这

---

① H. Giles et al., "Speech Accommodation Theory: The First Decade and Beyond", in M. McLaughlin, ed., *Communication Yearbook* 10 (Newbury Park, CA: Sage, 1987), pp. 13 – 48.

文化适应研究的进路

个概念在传播适应理论中延伸到了行为模式，为了博取听话者的认可，希望对方与自己共同呈现自我或想达到更高效的交流效果等情形时，双方会表现出趋同的倾向。第二，趋异（Divergence），它发生在两个文化背景相异的个体或群体间，其中一方会在言语或非言语行为中偏离对方的行为模式。当个体为了彰显个性，想改变对方的言语行为，或认为对方是自私或恶意的等情形中，会采取趋异的策略。第三，维持（Maintenance），在跨文化交流的一些情形中人们某些特定的言语、行为并不会产生变化，它们保持着一些稳定的特质。

言语适应理论包含四个重要的理论基础：类似吸引论、社会交换论、原因归属理论和群体独特性理论。其一，贾尔斯运用"类似吸引论"（Similarity Attraction Theory）全面解释了语言趋同现象，他认为人们最容易被那些在信仰上、价值观上以及对事物的态度上与自己相似的人所吸引。贾尔斯进而提出：正是由于趋同现象才导致了个体对他者的认可。其二，贾尔斯发展了"社会交换论"（Social Exchange Theory）。他认为趋同和趋异现象中存在着交换替位的情形，人们在权衡得失后会不断调整自己的适应策略。一般而言，"趋同"是得到社会认可的一种最常用的手段。其三，"原因归属理论"（Causal Attribution Theory），人们对他人的行为评估并不仅仅观察其表面，而是首先评价他们行为的动机和目的，然后归属他们行为的原因。其四，从"群体独特性理论"（Intergroup Distinctiveness）出发，贾尔斯认为，不同群体成员在跨文化接触时趋异是为了彰显个体所属族群的独特性，强化自己的文化身份。

在言语适应理论的基础上，盖洛斯和贾尔斯等学者在 1988 年建构了传播适应理论，该理论认为，跨文化传播中的互动与其社会历史语境紧密地联系在一起，它是个体和社会群体协商身份的过程，自我和他者通过言语和非言语行为相互调整、适应，实现信息交换和社会关系的建构和维系。[①] 传播发生在特定的社会语境之中，历史上两个文化群体间的关系、各自的活力、开放性等因素都会影响到跨文化传播的进程和效果。在这一框架中适应取向（accommodation orientation）包括趋同、趋异和维持三种，它受内心因素（intrapersonal factors）、跨群体因素（intergroup factors）和最初的定位（initial orientation）这三个方面的影响。即时交流的情境又受到以下因素的影响：社会心理状态（人际和群体间交流的倾向）、目标和焦点（动机、交谈或关系需求）、社会语言策略（相似语、话语运用）、行为和技巧（语言、口音、话题）以及标签和属性的影响，最后交流者进行正面或负面的评价并影响到未来意图。它关注到传播行为中传播能力、传播需求、历史、社会情感、角色和地位等因素对传播适应关系和社会关系的影响。

20 世纪 70 年代语言学家舒曼（John Schumann，1978）也从跨文化交流者第二语言习得的角度建构了文化适应模式，但

---

① C. Gallois et al. " Communication Accommodation Thoery in Intercultural Encounters ", in Y. Y. Kim & W. B. Gudykunst, eds. , *Thoeries in Intercultural Communication* (International and Intercultural Annual: Vol. 12.) (Newbury Park, CA: Sage, 1988), pp. 157 – 185.

他认为同化是二语习得的最高理想，只有无限拉近与东道国的心理距离和社会距离，实现与目的语文化群体社会的、心理的交融，才能真正掌握好一门外语。显然，贾尔斯的传播适应理论更加细致地观察到了不同传播环境中人们彼此交流彼此改变的互动现象，人们在合作中互相影响的方式，而不是单方面的改变、适应和同化。相比而言，贾尔斯关注到了传播中陌生人之间社会距离的多样性，有趋同趋异、有保持协商和建构，而不是一味地被同化。但就文化适应研究而言，贾尔斯致力于研究这些言语变化的社会心理因素，并没有去考察跨文化对话的互动过程所构成的话语文本所呈现的意义，没有进一步探究被分享、有协商、有变化的意义之网。语言建构了语意和意义的领域，对话天生具有互惠性质。两个主体持续、同步、互惠、协商的交谈过程使主体间性成为可能。文化适应过程中人们如何通过语言特定地理解自我和他者，彼此协商达至平衡点？这是文化适应领域有待研究的一个方向。

第二节　文化适应中的传播网络：自我和他者之间的关系

我们生活在一个关系的世界，我们的思想、行为和生活并不是独立的。我们与他者是不可分的，是"共在"的，传播网络是一种与"他者"视角不同的关系论视角。西美尔（Georg Simmel）认为现实社会是有意识的个体之间互动的过程，每个人都被融合到传播关系的网络之中，他提出了"形式社会学"，并直接预设了许多社会计量学问题。列文等

（Levine, Carter, & Gorman, 1976）归纳出西美尔对传播的见解有：（1）社会由个体间的传播组成；（2）所有的人类传播都包含有互惠性的交换；（3）传播在社会距离不同的个体间发生；（4）传播满足人类的某些基本需求，如陪伴、追求目标等；（5）某些形式的传播经过一段时间后变得相对稳定并表现为一定的文化和社会结构。① 著名传播学者罗杰斯（Everett M. Rogers）看到以上研究跨文化传播现象的另一条社会学理路。

罗杰斯和金凯德（Rogers and Kincaid）认为传播网络"由不同的个人所组成，通过一定类型的信息流连接在一起"，它以人际传播关系为分析单位，具有一定的结构和稳定性，系统中的每个个体都拥有这样的个人交流网络。② 一直以来，社会学家强调把行动放在其所在的社会关系结构中的位置来理解。③ 孔德（Comte）认为要根据社会行动者之间的相互联系来考察社会。滕尼斯（Tonnies）使用社区来概述传统社会形式的特征，认为在现代社会中，社会联系是正式的、非个人的和工具性的。

---

① 转引自 E. M. Rogers, "Georg Simmel's Concept of the Stranger and Intercultural Communication Research", *Communication Theory* 9 (1999)：58 – 74。

② E. M. Rogers & D. L. Kincaid, *Communication networks：Toward a New Paradigm for Research* (New York：Free Press, 1981), p. 75. 罗杰斯本人以"创新扩散"传播理论而闻名遐迩，他认为创新扩散总是借助一定的传播网络进行，在创新向社会推广和扩散的过程中，大众传播能够有效地提供相关的知识和信息，但在说服人们接受和使用创新方面，人际交流则显得更为直接、有效。

③ 林顿·C. 弗里曼：《社会网络分析发展史：一项科学社会学的研究》，张文宏等译，中国人民大学出版社，2008，第 12 ~ 15 页。

从 20 世纪 30 年代开始，由此逐渐发展起来的社会网络分析（social network analysis）经过七八十年的发展在社会科学领域得到了广泛的应用，是西方社会学的一个重要分支。

社会网络分析理论随着社会计量学（Sociometry）的发展变得直观。关系拥有许多重要的性质，包括强度、对称性、传递性、互惠性和多样性，网络连接起个人、群体/组织和社会（见图 4－3）。网络是事物与事物间的某种关系，社会网络是指社会行动者（social actor）及他们之间的关系的集合。也就是说，社会网络是由多个点（社会行动者）和各点之间的连线（代表行动者之间的关系）组成的集合。传播行为创造并维系着这些人际网络，把个人连接为群体，而这些群体又联系在一起成为一个组织。不同组织成员之间经常交流，于是各种传播关系联系在一起就形成了社会。①

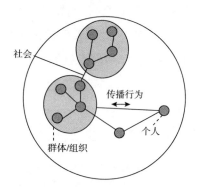

图 4－3 连接起个人、群体、组织和社会的网络图

资料来源：http：//www. tcw. twente. nl/theorieenoverzicht/ theory. Van Dijk（2001/2003）. Network Theory and Analysis.

---

① 刘军：《整体网分析讲义》，格致出版社，2009，第 2 页。

　　大的社会网络由若干小群体组成，这些子群体被称为"派系"（cliques）、"聚类"（clusters）、"块"（blocks）或"小团体"、"小圈子"。群体组织内部的传播链有正式和非正式的区别：正式传播链是组织规定的，非正式传播链是组织成员自发形成的。一般来说，组织内部大多数是非正式的传播，非正式群体并不总是处于一种稳定和平衡的状态，而是处于不断地适应、不断地重新组合之中。① 通过派系，我们可以清晰直观地看到错综复杂的人际传播现象和形成的亚文化圈。

　　在传播网络中，人际网络的紧密程度对个人的思想、文化认同和行为产生重要影响。它大致可以分为两种网络类型：放射状的个人传播网络（radial personal communication network）与交织性的个人传播网络（interlocking personal communication network）。成员们在交织性个人网络中比较同质化，其行为的可预测性较高。他们享有共同的信息并相互影响，其个人行为受到群体的较强约束；放射状个人传播网络的情况正好相反，这种网络中成员间的互动较少，群体对其影响力有限。

　　社会网络研究的内容包括三个层次：个体网（ego-networks）、局域网（partial networks）和整体网（whole networks）。② 个体网是一个个体和与之直接相连的个体构成的网络，它能分析社会连带关系（social ties），不能分析网络结构。它的测度包括：规模、关系的类型、密度、关系的模式、

① 芮盛豪：《传播网络分析：韩国留学生在上海的文化适应模式研究》，博士学位论文，复旦大学新闻学系，2008。
② 刘军：《整体网分析讲义》，格致出版社，2009，第5页。

相似性、同质性、异质性等。局域网是个体网加上与个体网络成员有关联的其他点构成，它比个体网中的关系多，比整体网中的全部关系少。它的边界在哪里依研究的目的而定。整体网由一个群体内部所有成员之间的关系构成，它一般需要找比较独立的、封闭的团体来考察。其研究测度包括：图形性能（graph properties）、密度、子群（sub-groups）、角色（roles）和位置（posotions）。

社会网络研究范围包括人际传播、群体传播和组织传播。而另一个相似的概念"传播网络"研究涵盖了所有人类传播活动，包括大众传播在内，它也是通过分析社会关系来解释人的行为。传播网络研究强调了人际关系、关系内涵以及网络结构对社会现象的分析和解释，它从相互关系的视角关注文化间所发生的事，在关注个体重要性的同时关注个体所在的群体及其联系，关注传播中互动关系的重要性。正如在第一章所提到的，一些资深学者们如古迪昆斯特早就认识到跨文化传播学作为一门学科，单一量化的研究方法阻碍了其发展，网络研究注重信息交换和社会互动过程，可以在一定程度上弥补这一缺陷。从传播网络角度研究文化适应现象，可以在宏观的跨文化传播理论和微观跨文化传播经验性研究间架起一座桥梁。

一　大众传媒对文化适应的影响：一把双刃剑

帕克（Parker，1922）是最早研究大众传播和文化适应之间关系的学者之一，他研究的落脚点在人——那些处于"美国化"过程中的人。他想要解决的问题是作为社会边缘人的移民尽快地融入美国社会，以减少移民社区的社会问题。那社会整合的机制何在呢？对于帕克而言，他将社会整合的功能赋予了报刊，将现代传媒看作社会进步的力量。他认为凭借现代传播，尤其是新闻传播，处于孤立和边缘化的人们和群体可以适应现代生活和都市文明，它是可以用来消除美国当时社会问题的关键手段之一。文化同化是社会变迁、人口流动和文化冲突的必然产物，它是一个相互渗透、融合的复杂过程。竞争是个人化的法则，而传播是整合和社会化的法则。①

在其著作《移民报刊及其控制》（1922）中，帕克考察了移民报刊对于欧洲移民在美国社会化构成中所发挥的作用。他通过对移民报刊在移民美国化的过程中的功能的考量，来考察移民与美国社会文化之间的互动关系。他认为，虽然移民报刊最初是动员和表达民族主义情绪之地，在一定程度上阻碍了移民的美国化，但是随着移民逐渐深入美国生活，他们对有关美国信息的需求更为迫切，于是移民报刊更多地刊登美国本土的新闻以此帮助移民熟悉美国的环境。他认为，移民报刊通过扩大移民的认同范围，反而淡化了移民对欧洲的情感联系。总的来看，移民报刊提高了移民应对复杂环境的能力，对移民的同化过程产生了影响，有助于他们投入美国生活，融入美国社会。②

就大众媒体的使用和文化适应之间的关系而言，一般认为，由于语言障碍，移民最初会更多地接触本种族的报纸、杂志、

---

① 吴飞：《如何理解"生活在别处"的"边际人"？》，载罗伯特·帕克著《移民报刊及其控制》，陈静静、展江译，中国人民大学出版社，2011，译序第 10~11 页。

② R. E. Park, *The Immigrant Press and Its Control* (New York: Harper, 1922).

电视等媒体资源。这些大众媒体有助于减轻他们初来乍到时的孤独感和适应压力。熟悉的语言和影像使他们得到安慰并在陌生的环境中找到身份的联结点。另一方面，东道国媒体可以为移民和旅居者的语言和社会技能的学习提供一个安全的环境。金洋咏认为，语言能力决定了对东道国媒体消费的状况，另外新移民在他们的适应早期更多地观看娱乐性的电视节目，在适应后期更多地观看信息类的节目。在东道国文化环境中大众媒体使用的增加能够增强文化适应。[1] 与格本纳（George Gerbner）的涵化分析理论（cultivation analysis theories）一致，金洋咏认为大众媒体反映了东道国的文化社会状况，能够为受众培育主流社会的价值观，加强听众、读者和观众的身份归属感。

那么网络或手机等新媒介的使用与文化适应状况的联系又如何呢？有研究表明，旅居者实际上更频繁地使用新媒体，这加强了他们的社会联系，丰富了他们的社会支持网络。网络或手机等新媒体是旅居者和国内的家人、朋友保持联系的主要途径。文化适应者与家人、朋友保持联系，了解国内社会文化生活，同时也使他们有途径更多地了解东道国的社会文化，有助于他们与当地人建立联系。但是与东道国持续的联系影响了居留者文化身份的保持以及东道国身份的获得，对两种文化身份的认同有助于文化适应。[2] 和传统媒体相似，旅居者网络的使

---

① Y. Y. Kim, *Communication and Cross-cultural Adaptation: An Integrative Theory* (Clevedon, UK: Multilingual Matters, 1988).

② Z. Cemalcilar, Role of Computer-mediated Communication Technologies in International Students' Cross-cultural Transition (Ph. D. Diss., The University of Texas at Austin, 2003).

用维系和加强了来源国的文化价值观和传统，但与东道国价值的文化适应呈负相关。

媒介传播成为移民跨国活动的基本方式。在对跨国互动的各种纽带的研究中，移民的传播交流网络逐渐进入了一些研究者（Lin，Song，Ball-Rokeach，2010）的视野，他们在对美国洛杉矶、加利福尼亚的新移民社区的研究中，发现媒体在理顺移民文化适应的新生活中发挥了关键作用。① 他们的访谈研究显示，对于新移民来说，来自本国的新闻提供了一种强烈的"双重的日常生活"的感觉，这种双重性使新移民与东道国这里和来源国那里的日常生活体验同时保持了联系。

正如阿帕杜莱（Appadurai）所说，在全球的竞技场中，新闻媒介的力量极大地增加了普通民众在日常生活中的想象力。② 通过同样的媒体仪式与信息的分享，移民可以象征性地加入媒体为他们界定的社区中，成为他们祖国或者移民国社区的邻居。少数族裔媒体力求在输出国与输入国之间搭建一个桥梁，已经在"祖国"与"移民国"之间构建跨国媒体生产与消费的网络做出了贡献，创造出了"双重聚焦"，融入了两个国家的地方特色。对于移民这一群体，种族媒体在叙述与构建跨国性中起到了重要的作用。通过电话、手机、互联网，新一

---

① W. Y. Lin et al., "Localizing the Global: Exploring the Transnational Ties that Bind in New Immigrant Communities", *Journal of Communication* 60 (2010): 205 – 229.

② A. Appadurai, "Global Ethnoscape: Notes and Queries for a Transnational Anthropology", in R. Fox, ed., *Recapturing Anthropology: Working in the Present* (Santa Fe, NM: School of American Research, 1991), pp. 191 – 210.

文化适应研究的进路

代移民经常与在国内的家人和朋友进行跨国界的交流。另外，移民也通过少数族裔媒体了解祖国的新闻。曾经处于边缘化的少数族裔媒体现今已经成为在报道内容与媒体运行方面的佼佼者，其中一些还成为跨国企业。

阿帕杜莱的研究呼应了安德森（Benedict Anderson）在《想象的共同体》一书中的观点：大众传媒在建构共同体的历程中发挥了重要的作用，具有极大的"想象"成分，并激发了民众集体想象的源泉。同时，互联网上的群体极化现象也同样让人关注。媒介的增多和社会的分割使人们能更容易地与相同动机、目的、趣味或文化认同的人集结在一起，强化他们彼此共有的倾向和态度，形成互联网上的群体极化现象，加深彼此的偏见和敌意。这样个体就可能生活在只有本族群文化的世界之中，深受其意识形态的禁锢和左右。

以上主要是对大众传媒与移居者文化适应状况的考察，其实对于互联网等新媒体使用的影响众说纷纭。格罗塞（Grosser）认为，互联网的使用有利有弊。一方面，人们能够获得更多元的信息来源，增强网民对自我、自身归属和对自身身份反省的空间；另一方面，新媒体可能便利和强化了种族群体身份的自我封闭，人们可能只是选择阅读类似的内容，从而排斥其他多元和不同的观点，文化身份概念所引起的困境绝不能通过这条路得到解决。[①] 当可接近的大众传媒变得多元化，文化适应者有了更多的途径和来源国或东道国文化联系起来，

---

① 〔法〕阿尔弗雷德·格罗塞：《身份认同的困境》，王鲲译，社会科学文献出版社，2010，序言第 7~8 页。

它是一把双刃剑，可以让自我沉浸在本种族群体的文化之中，同时也给他们提供了更多了解外群体文化的途径和方式。无论他们选择何种身份认同，大众传媒有助于文化适应者加强社会联系，构建共享的知识和生活世界。整体来看，大众媒体对旅居者的文化适应的影响是广泛的，但是没有人际传播的影响深入。

二　文化适应者传播网络的静态呈现

传播网络论既承认传播者本身的特质，也认识到人际互动和关系的重要性。它认为传播不是一个线性地、被动地接收信息的过程，而是社会行动者及其关系的集合，它是双向的循环的过程。它不同于"因果性"的量化分析，而是提供了一种"交互"的视角和理论范式，从这种关系视角，传播中的权力、平等性、自由度、互惠性、能动性、多样性等特征都能在研究中得到一定体现。网络连接起个体、群体/组织和社会。网络研究一般要区分出小团体范围，特定的传播角色（协调者、中介、联络者等），还要分析其网络结构形态、重要指标和测度。传播网络研究的内容可以包括：（1）研究行动者的关系模式如何影响到个体行为，或行动者反过来又如何影响结构，例如研究社会凝聚力、社会关系中的等级秩序、群体内部关系、角色丛等；（2）传播网络情境如何影响个体行为，群体如何影响个体的文化适应状况；（3）信息和资源传播的渠道，如权力的分布、创新与扩散等。

跨文化传播是在不同文化群体间构建、维持文化边界的过程，传播网络分析主要在以下四个方面得到了应用：文化多样性、创新与扩散、移民、族群性研究。人类学家从研究早期亲属关系网开始，了解文化群体保持和发展其传播网络的文化机制。早期创新与扩散的研究中认为个体的劝服和决策更多地受到人际传播的影响，网络论表明个体所属的子群、群体的初衷、群体压力及决策很大程度上影响到个体本人的决策。传播网络的研究范式也应用到了移民和族群性研究方面，在文化适应研究中一些学者如金洋咏（Y. Y. Kim）、亚姆（J. O. Yum）和史密斯（L. R. Smith）等追随这一研究的理路，试图从传播网络的角度来研究文化适应中自我与他者的关系及其形态。

　　传播学者亚姆在1983年用传播网络范式对夏威夷的五个族群的移民进行研究，结果发现，不同族群传播网络形态很不一样，这些移民的适应与他们在新环境中网络的构建相关。在对韩国移民的考察中，她逐步提出了"网络分析法"（Network Analysis）。亚姆的理论深受罗杰斯和金凯德合著的《传播网络：一种新的研究范式》的影响。她的跨文化传播中的网络理论分析了文化内（intracultural）与跨文化（intercultural）传播网络的异同，她认为跨文化群体间的差异要比其文化群体内部的差异大，于是提出了以下六个命题。① 第一个命题：跨文化传播网络呈现出放射状，而同一文化内部的传播网络则是交叉状。命题二：与跨文化传播网络相比，文化内的传播网络更为密集。命题三：与跨文化传播网络相比，文化内传播网络是

① J. O. Yum, "Network Theory in Intercultural Communication", in Y. Y. Kim & W. B. Gudykunst, eds., *Theories in Intercultural Communication* (Newbury Park: Sage, 1988), pp. 248 – 252.

一种多路传播的（multiplex）网络。命题四：跨文化传播网络中的联结是弱联系而非强联系；跨文化交往很难发展成为亲密的强关系而是脆弱的弱关系。命题五：与文化内传播网络的情况相比，"联络者"（liaison）与"搭桥人"（bridge）的角色在跨文化传播网络中更为显著，并在保持网络的连通性方面有更重要的地位。"联络者"与"搭桥人"都是"中间人"的角色，在不同群体的成员间促成成员间间接的联系。命题六："认同迁移"（transivity）在跨文化传播网络中起的作用比在文化内传播网络中小得多。在跨文化传播网络，"我朋友的朋友也是我的朋友"这样的认同迁移一般不会出现。

对亚姆而言，传播网络是一种量化的研究过程，她的理论比较了内群体传播网络和跨文化传播网络的形态和特点，她的研究是一种静态的对个体网的呈现。而另一位学者史密斯（Smith，1999）则更进一步地反思了跨文化传播网络与文化适应之间的关系：文化内（intracultural）与跨文化（intercultural）的传播网络各自的性质是什么？它们在不同的文化中是否具有不同的属性？什么样的关系能促进文化适应，这些关系又是如何形成和维系的？

史密斯（Smith，1999）在社会网络分析理论的基础上建构了网络与文化适应理论（Networks and Acculturation）①，并提出了七个相关命题：（1）从社会网络结构可区分移居国外者的跨文化身份。认同本族文化的网络通常是轮状，只有一个

---

① L. R. Smith，"Intercultural Network Theory：A Cross-paradigmatic Approach to Acculturation"，*International Journal of Intercultural Relations* 23 （1999）：629 – 658.

中心，相对同质化；而认同东道国文化的通常是放射状的多中心的弱关系；而持融合态度的网络是以椭圆形为中心的强关系。（2）不同的文化观念塑造了其社会网络形态、功能和性质。（3）网络异质性的增加增强了文化适应的可能性，与本种族的联系带来归属感和安全感，而跨种族的网络有助于文化适应。（4）在跨文化网络中交换率（rate of change）动态地取决于与东道国的融合程度。（5）结构化的限制（structural constraints）将影响跨文化网络的规模，反过来也影响到适应的过程。（6）密度强的网络提供积极的社会化模式，而松散的网络为提高交流能力提供了更多可能性，所以密集的网络会降低移民和旅居者获得多种资源的能力并影响到他们的社会化过程，低密度的网络有助于个体适应新环境，选择更多的信息路径。（7）基于情境关系的跨文化网络和基于个人关系规范的跨文化网络相比，前者的跨文化网络不如后者密集，但会有更多放射状的联系。

史密斯希望通过揭示文化适应的网络原型帮助跨文化交流者拓展自我和他者之间的联系，以更好地适应新的社会文化环境。传播学者金洋咏感兴趣的是陌生人的传播能力的提高，她并没有对陌生人传播网络做形态上的分析。她利用个人传播网络的概念来解释外群体传播能力。① 金洋咏提出了三个相关的命题，命题一：个人传播网络的异质性越高，自身进行外群

---

① Y. Y. Kim, "Understanding the Social Structure of Intergroup Communication", in W. B. Gudykunst, ed., *Intergroup communication* (London: Edward Arnold, 1986), pp. 93 – 94.

体传播的总体能力越强。也就是说，在个人传播网络中存在外群体成员有利于提高外群体传播能力。命题二：个人传播网络对外群体的向心力越大，自身进行外群体传播的能力越强。也就是说，在个人传播网络的中心位置存在外群体成员有利于提高外群体传播能力。命题三：自身与外群体成员的关系越密切，进行群体间传播的能力越强。也就是说，与外群体成员保持频繁的接触和亲密的关系有利于提高群体传播能力。

大量的研究表明，陌生人的文化适应水平和他们的人际交往模式相关。对留学生和观光客的研究表明，陌生人的关系网络中东道国国民的数量和陌生人对东道国社会的好感正相关。他们与东道国国民的人际交往的深入程度是旅居者认知学习的重要指标。对于长期定居者而言，他们与东道国的传播能力与其人际传播也存在相似的联系。众多学者的研究表明，在东道国积极参与人际交往活动与陌生人的文化适应状况正相关。对于陌生人在种族内的传播活动（intra-ethinic communication）而言，研究者普遍认为，长期的、广泛的与本族成员交往会阻碍长期的文化适应，虽然种族群体在初来乍到的适应初期发挥了协助作用，在情感和信息方面提供了一定的社会支持，但是过于依赖本族人，广泛参与本族的传播活动会延迟在东道国的最终适应。工作、读书或者社团活动能够增加人际交流的机会。实际上，陌生人的人际交往网络是随着时间不断变化的，开始主要由本族成员组成，到后来不断融入东道国成员等外群体成员。

从中可以看到，传播网络研究借鉴了社会网络（social

network）研究和大众传媒效果研究的一些理论，它试图研究个人在文化适应过程中如何将自己编织进更大的社会系统之中，并通过对传播网络的形态和特征的研究，引导、帮助文化适应者建立合适的传播网络，以更好地适应新的社会。在国内从事传播网络研究的学者寥寥，吴飞的《火塘·教堂·电视——少数民族社区的社会传播网络研究》一书，对云南省独龙族土著社区进行了民族志考察，揭示了传播网络对该社区文化变迁的影响。① 芮盛豪以传播网络为切入点对上海的韩国留学生进行了量化和质性研究，研究表明，这些留学生采取了"分离型""过渡型""整合型"三种不同的文化适应策略，它们相应的传播网络有着不同特点。② 但是，在该论文中，他只做了个人网络的连带分析，而没有进行整体传播网络的研究。

整体看来，作为比社会网络概念更宽泛的传播网络研究并不细致、深入。首先它只是个人社会交往网络静态的呈现，涉及了个体间互动的形式化表征。这些人际交往网络管道的形态研究固然重要，但更重要的是其中的互惠内容，其间的信息交换和情感的支持以及人际互动过程中社会资本所发生的变化。传播网络的形态和其中实质性的内容相结合的网络分析在文化适应研究中还没有真正展开。

---

① 吴飞：《火塘·教堂·电视——少数民族社区的社会传播网络研究》，光明日报出版社，2008。
② 芮盛豪：《传播网络分析：韩国留学生在上海的文化适应模式研究》，博士学位论文，复旦大学新闻学院，2008。

三 传播网络的社会支持属性

一些学者从另一个角度也在进行传播网络分析，他们关注到人际传播网络对获得支持、减轻文化适应压力的重要作用。社会学者在功能上称之为社会支持网（social support network）或者支持网络（helping network），它是指个人借以获得各种资源、支持（如物质援助、情感支持、信息服务、伙伴关系等）的传播网络，以个人的人际联系为出发点。社会支持网络研究成为传播网络研究的一个最重要的内容。社会支持网的缺乏，则会导致个人的身心疾病，并使个人日常生活难以维持。必要的社会支持可以使文化适应者拥有被关爱和被尊重的感觉，使他们觉得有价值，并可以获得一种群体归属感。在社会层面上，社会支持网有利于社会的稳定。它通常被看作社会保障体系的一种补充，有助于降低人们对社会的不满，缓冲个人与社会的冲突。[①]

对社会支持的研究始终与社会学中的社会整合和社会孤立研究有关，社会心理学家强调社会支持对压力的调节和缓冲作用，以及它对于人的身心健康和个人幸福的重要作用。社会支持和精神健康之间的关系较复杂，个体受到的压力越大，社会支持对健康的作用可能越明显，但二者的关系还可能与压力的性质、社会经济地位、婚姻状况、年龄、性别等有关。从 20世纪 90 年代开始，学者们更加注重系统层次和社会层次上的

---

① 贺寨平：《国外社会支持网研究综述》，《国外社会科学》2001
年第 1 期，第 76~82 页。

支持结构和过程。在社会学研究领域，学者们更加关注社会弱势群体（如农民工、下岗人员）的支持网络问题。作为跨文化传播学者忽视的城市化进程中的流动群体的文化适应问题也得到了社会学研究者的关注，例如在对江苏南京市的农民工进行的研究发现，流动农民工的社会支持网规模小、密度高、趋同性强、异质性低，这不利于他们融入大城市之中。① 还有学者从社会资本理论和社会网络理论更深入地探讨了这些问题。②

其实，国内不同亚文化群体的交流和迁徙所带来的问题，也是文化适应研究重要的一部分。一直以来，跨文化传播学者对跨国界迁徙的群体进行了更多的相关研究。社会支持来自各种关系，如家庭成员、朋友、熟人和婚姻关系等。一些研究者根据关系的远近，把社会支持分为：亲密伴侣（知己、密友、配偶）、社交网络（亲戚、工作场和朋友）以及与社区的联系。对于初来乍到的陌生人而言，原有的社会支持不复存在，新的社会支持系统尚未建立起来。在一个完全陌生的社会环境中迅速建立良好的社会支持系统并不是一件容易的事情，因此陌生人最初都会普遍感到缺乏社会支持并存在不同程度的适应问题。对他们而言，良好的社会支持有助于他们的身心健康，有助于他们更快地适应新的环境。那么谁能提供最有效的社会支持？是本种族成员，是东道国成员

---

① 王毅杰、童星：《流动农民社会支持网探析》，《社会学研究》2004 年第 2 期。
② 李树苗等：《农民工的社会支持网络》，社会科学文献出版社，2008。

还是其他的外国人和局外人？

通过研究留学生的社会网络，学者们发现有三种社交圈：由本国同胞组成的提供情感支持的单一文化圈（monocultural network），从中获得亲密的友情和相容的文化和种族价值观；其二是双文化圈（bicultural network），其中包括东道国老师、学生或工作人员和同学等，他们可以提供职业或学业上的帮助以更好地适应新环境；其三是多文化圈（multicultural network），其中包括朋友和熟人，他们可以一起休闲、娱乐，共同完成某项任务。① 这三种社交圈给予留学生不同类型的社会支持，发挥着不同作用。

对于文化适应者而言，同胞圈的社会支持可以提供情感帮助，使文化适应者在新的社会环境中更有安全感和个人归属感。但另一方面，这种支持可能会降低旅居者融入东道国文化的愿望，阻碍他们进一步的文化适应。大多数研究者认为，来自当地人的信息支持以及与当地人的人际交往可以在很大程度上有助于减少文化适应的困难，使跨文化交流者更容易地适应东道国社会文化。沃德等认为（Ward & Kennedy，1993；Ward & Rana-Deuba，2000），东道国和来源国的文化都是支持文化适应者的有效资源，但是来自东道国的社会支持更为重要。因为这种跨文化交往能够通过提供有关东道国的丰富信息，帮助留学生提高语言交际能力，减少过渡期的压力，促进文化适应。有东道国朋友的留学生适应

---

① H. Spencer-Oatey & P. Franklin, *Intercultural Interaction*：*A Multidisplinary Approach to Intercultural Communication*，外语教学与研究出版社，2010，第 157 页。

问题较少,个人心理满意度和学业满意度都比较高。①

　　从东道国方面来看,移民融入东道国的难度与当地社区不同类型的关系网络有关。沃尔曼(Wallman,1986)在对伦敦东部的伯尔(Bow)和伦敦南部的巴特西(Battersea)这两个不同的种族社区所做的比较研究中,发现在伯尔不列颠人和外来移民之间有一种强烈的二分法特征(见图4-4)。在伯尔,人们工作和生活在同一个地区,它是一个较为封闭的同质系统,个体所属的子群(小圈子)大部分是重叠的,不同社会关系网强烈地交织在一起,所以伯尔的族群边界明显,人口稳

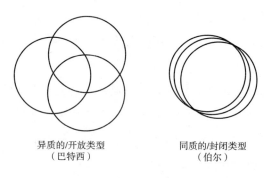

异质的/开放类型　　　　　　　　同质的/封闭类型
(巴特西)　　　　　　　　　　　(伯尔)

图4-4　不同社会亚系统间的交叠程度图

资料来源:〔挪威〕托马斯·许兰德·埃里克森《小地方,大论题——社会文化人类学导论》,董薇译,商务印书馆,2008,第377~378页。

---

① C. Ward & A. Kennedy, "Psychological and Sociocultural Adjustment during Cross-cultural Transitions", *Intercultural Journal of Psychology* 28 (1993): 129 – 147.

　　C. Ward & R. Rana-Deuba, "Home and Host Culture Influences on Sojourner Adjustment", *International Journal of Intercultural Relations* 24 (2000): 291 – 306.

定，外来移民很难被当地人认可而成为其中的一员。而在巴特西，个体是许多不同群体的成员，人们分散在伦敦的不同区域工作，人口流动性大。它是一个开放的异质系统，存在许多可以跨越群体边界的方式（关系网中的搭桥人），这样比较容易让移民成为当地社区的一员。于是这两个地区的社会关系网络影响到了当地移民的文化适应状态。

　　传播网络中的核心概念是"关系"，关系是网络分析的中心，因为各种关系定义了个人、群体和组织间传播关系的本质。从 20 世纪 90 年代开始，社会支持研究从重视"心理"维度，开始转向互动维度和整合维度，社会支持网被看作人与人之间的互动交往过程，具有互惠性质。社会学家在研究中发现了传播网络中的机会与权力。格兰诺维特（M. Granovetter）的"弱连带"优势理论（The Strength of Weak Ties），对劳动力市场的找职与转职做了研究和讨论。他认为弱关系通常传递异质性的信息，从而在劳动力市场中给个人带来有用的求职机会。博特（R. Burt）则提出了"结构洞"理论（Structural Holes），他认为个人在传播网络中特定的位置决定了他所拥有的资源、信息与权力。林南（Lin Nan）提出了社会资本理论（Social Capital Theory），它是存在于社会结构中的个人的关系资源，为结构中的行动者提供支持，行动者的成功与社会资本的占有正相关。[①]

　　社会资本是文化适应者嵌入社会关系网络中的各种资

---

①　罗家德：《社会网分析讲义》，社会科学文献出版社，2005，第 4 页。

源，这些围绕迁移而产生的关系网在迁移者、迁出地和迁入地之间形成了复杂的结构。在移民迁入到新的环境之后，其社会支持网络的作用表现在帮助移民获得重要的社会资源，社会资本的积累使移民的文化适应更为容易。社会网络以各种方式把互助者连在一起，并为他们创造了各种机会，如就业、处理法律问题、居住信息，争取教育、福利、娱乐等各种生活机会。社会资本可以带动和促进移民与当地主流社会的融合。

在中国，20世纪90年代以来的农民工大规模迁徙问题引起了社会学界的广泛关注，学者们主要从移民角度开始研究流动的农民工的文化适应问题，并注意到他们的社会网络在不同的阶段所发挥的重要作用。有研究表明，农民在社会流动中，其信息来源主要依赖以亲缘和地缘为纽带的社会关系网。进城以后，开始不断构建一个以同乡为纽带的初级关系，并以此为基础建构起以工具理性为目的的次级关系。农民工之间形成的关系网成为他们在都市生存和发展的重要的社会支持系统。[1]

高克森和斯马尔斯拉（Goksen & Cemalcilar）运用社会资本理论分析了土耳其义务教育中从农村迁移到城市的辍学儿童的状况，他们认为，以社区为基本来源的社会资本的丧失是他们辍学率高的重要原因，他们强调作为社会资本之一的学校的重要性，提倡以学校为基础的家庭支持计划，以社区为基础的

---

[1] 李汉林、王琦：《关系强度作为一种社区组织方式》，载柯兰君、李汉林主编《都市里的村民——中国大城市的流动人口》，中央编译出版社，2001，第31页。

成人教育和培训。[1] 文化适应者的社会资本少，这是他们处境困难的部分原因。

第三节 我们和他们：群体间的接触假设及局限

传播网络中的群体或团体一般是个体自发形成的、非正式的互动关系，它处在不断调整、重组之中。群体成员把自己群体中的人看作"我们"而不是"他们"。在人际和群体层面考察文化适应的另一个重要因素是群体关系。社会学家萨姆纳（William Sumner, 1906）创造了内群体（in-group）和外群体（out-group）两个概念，用以描述资源有限的世界中同者相容互助、异者对抗相争的情况。[2] 根据泰弗尔和特纳（Tajdfel & Turner, 1986）的社会认同理论（Social Identity Theory），个体通过自我分类对所属的群体产生认同，并产生内群体偏好（in-group favoritism）和外群体贬损（out-group derogation），这使得群体间行为和群体内行为显现出明显的种族中心主义特征。[3] 种族中心主义（ethnocentrism）是在本文化系统内培养出来的认知，在接触其他文化系统之前就已经产生。种族中心

---

① F. Goksen & Z. Cemalcilar, "Social Capital & Cultural Distance as Predictors of Early School Dropout", *International Journal of Intercultural Relations* 24 (2010): 163 – 175.

② 李美枝、李怡青：《我群与他群的分化》，《本土心理学研究》2003 年第 20 期。

③ H. Tajfel & J. C. Turner, *The Social Identity Theory and Intergroup Behavior*, 1986. 转引自〔美〕戴维·迈尔斯《社会心理学》（第八版），侯玉波、乐国安、张智勇等译，人民邮电出版社，2006，第 257 ~ 259 页。

主义使人们运用自己的文化框架来解释他者行为，高度的种族中心主义容易误读或歪曲他者，难以达成有效的传播。

在种族文化群体间的交往与接触的过程中，种族偏见（ethnic prejudice）是一个重要的概念，它由三个部分组成：认知上的刻板印象（stereotypes），即对某一群体共同的看法；情感上的态度（attitudes），即对某一群体的评价；行为上的种族歧视（discrimination），即对某一群体采取的行动。如果人们认为认知上的刻板印象能够为多元社会带来秩序的一种认知，那么刻板印象在多元社会中可以成为有用的工具，为了和不计其数的群体打交道，人们形成这样普遍的概括性的共识。这种分门别类的行为从本质上讲是良性的，问题在于它的高度概括性和经常负面的评价、态度及歧视。

一些刻板印象基于个人的体验，但大部分则来自内群体成员共同的看法。刻板印象为种族群体的边界提供了意识形态的合法化，加强了群体内聚力。它通过内群体其他成员或通过教育、大众媒体和历史事件传递给个人。刻板印象是对其他群体的文化特质简单化的描绘，而且人们一直相信这种特质是存在的，以致拒绝将个体差异纳入考虑之中。刻板印象对于跨文化交流有着直接的影响，如果它比较准确，那么对陌生人才能做出准确的预测，反之就会造成误解。卡茨（Katz）认为，态度（attitude）主要有以下四种功能：实用和调整功能；自我防护功能；价值体现功能；理解功能。① 这些功能既有正面又有负

---

① D. Katz, "The Functional Approach to the Study of Attitudes", *Public Opinion Quarterly* 24（1960）: 164 – 204.

面的影响，负面的群体间态度可以增强预测陌生人的信心，但同时会导致焦虑。

亨利·泰弗尔（Henry Tajfel）解释道："我们归类：我们发现将人，包括我们自己，归入各种类别是很有用的。在表述其他人时给他们贴上标签，不失为一种简略的方法。我们认同：我们将自己与特定群体，我们的内群体联系起来，并以此获得自尊。"① 社会认同的增强会提升内群体成员的自尊和自我价值，同时也提升了内群体的凝聚力。个体通过内群体与外群体的比较认识到群体身份给他带来的情感和价值意义。如果没有获得满意的社会认同，个体就会离开他所在的群体。可以说，对于社会认同的追求是群体间冲突和歧视所在。偏见产生于刻板印象，"偏见"是一种文化群体对另一文化群体的错误态度和不正确的感觉。歧视（discrimination）则是在行为上的表现，是对某种文化群体的一种不公正的对待，而这种不公正仅仅是因为他们的身份属性，种族歧视会直接导致文化适应状况的恶化。

学者李和菲斯克（Lee and Fiske）将刻板印象内容模式（Stereotype Content Model，SCM）拓展到移民群体中，考察了对移民的刻板印象的内容模式。该模式预测出：人们的刻板印象通常集中在移民的能力和热情度上，与其社会地位和竞争力相关。具体在国籍、人种、种族地位、阶层上，移民的刻板印象内容不尽相同，大部分群体间的刻板印象是矛盾的而不是一致的。这些矛盾的刻板成见反映出国籍与社会经济

---

① 〔美〕戴维·迈尔斯：《社会心理学》（第八版），侯玉波、乐国安、张智勇等译，人民邮电出版社，2006，第257页。

地位的综合作用。他们的研究支持了 SCM 中的矛盾的刻板印象和社会结构之间的假设，同时更好地解释了对移民刻板印象的或然性。①

在最近的一项研究中，米格列塔等（A. Miglietta et al.）在意大利语境中对移民的种族偏见进行了考察，对以下两个问题进行了探究：（1）非专家人士如何看待种族偏见的原因及解决办法；（2）种族偏见对社会支配倾向（Social Dominance Orientation, SDO）的中介作用究竟是传统原因还是现代原因造成的。② 社会支配倾向是个体对不同群体间关系的平等性所持的态度以及优势群体支配劣势群体的程度。研究表明现代原因造成的偏见对社会支配倾向有中介作用。受试者把种族偏见的原因归咎于无知、头脑封闭、负面的体验、缺少接触和熟悉度、资源竞争以及对未知的恐惧等，移民带来的多样化会引起偏见。那么减少偏见就需要更加开明的态度，宽容他者的价值观，另外还需增加接触机会和熟悉度，重视群体间的相似性以及移民群体自身的努力。

内群体的偏爱是否一定会导致对外群体的贬损呢？研究表明，确实在很多情况下，对内群体的偏爱和对外群体的差别对待（out-group differentiation）引发了对外群体的刻板印象

① T. L. Lee & S. T. Fiske, "Not an Outgroup, Not Yet an Ingroup: Immigrants in the Stereotype Content Model", *International Journal of Intercultural Relations* 30（2006）: 751–768.

② A. Miglietta et al., "What Causes Prejudice? How May We Solve it? Lay Beliefs and Their Relations with Classical and Modern Prejudice and Social Dominance Orientation," *International Journal of Intercultural Relations* 40（2014）: 11–21.

和偏见，但两者不存在必然的因果关系。另外两个不同群体对彼此的态度有互惠性吗？这也不一定。贝利和卡林（Berry & Kalin，1979）在加拿大的一项全国性调查中获得数据从中提取出对加拿大五大种族的态度，每组给自己的种族评级并给其他对子的种族群体评级。他们提出了三个问题：种族中心主义的倾向使人们对自己群体的评级高于其他群体吗？他们对其他种族群体所评的等级有一致性吗？一对群体间对彼此的评判是一种平衡关系吗？结果显示，对自我群体的评级总是比其他群体对自己的评级更高，也就是说存在种族中心主义倾向。人们对各个群体的社会地位的评级有着高度一致性，但在对彼此的评判中互惠程度并不一致，不太均衡。[①]1995 年卡林和贝利进行了同样的社会调查，得出了相似的结论。在多元社会中对不同种族的认知和评价的变化会导致不同程度的种族歧视。

研究者们发现，偏见是跨群体交流的障碍。对于如何减少偏见有着多种理论，其中奥尔伯特（Allport，1954）首先提出的群体间的接触假设（Intergroup Contact Hypothesis）得到了广泛的验证：在一定条件下，群体间的接触可以减少对彼此的偏见。但它有四个前提条件：接触群体的地位相差无几，有平等的身份地位；他们有着某些相同的目标；他们是自愿交往的；当局对他们的交往有一些有力的支持而不是禁

---

① J. W. Berry & R. Kalin, "Reciprocity of Inter-ethnic Attitudes in a Multicultural Society", *International Journal of Intercultural Relations* 3（1979）：99 – 112.

止他们接触。① 跨群体接触可以改变圈内人对圈外人模式化、简单化的认识，并使其移情于圈外接触，了解彼此的差异，减少互动中的焦虑不安。

与此呼应的是，沃德和马斯格勒特（Ward and Masgoret 2006）运用综合威胁理论（Integrated Threat Theory）和群体冲突的工具论模式（Instrumental Model of Group Conflict）抽样测试了 500 名新西兰人对移民的态度。该研究提出了群体间态度的一种综合模式及其 5 个潜在的变量：多元文化的思想意识，与移民的接触，群体间的焦虑，可察觉的威胁和对移民的态度。他们运用了结构化的均衡模式，结果表明，频繁的跨文化接触会降低群体间的焦虑和威胁感，反过来，这预示着威胁感的降低会改善对移民的态度。②

佩蒂格鲁和特罗普（Pettigrew & Tropp）对世界各地 2000 个有关接触假设的研究进行了荟萃分析，研究对象从儿童到老年人不等，研究语境从学校到工厂各异。荟萃分析支持了群体间的接触假设，不同群体间存在负面的偏见，群体间接触有利于了解外群体，有效地消除群体间偏见。他们认为，奥尔伯特所提到的四个前提应该运用到实际交往之中，应更关注不同语境中长期的接触状况（比如关注工作语境而不是短期的旅游接触），另外在教育、就业以及政策上应给予有力的制度上的

---

① G. W. Allport, *The Nature of Prejudice*（New York：Macmillan，1954）.

② C. Ward & A. M. Masgoret, "An Integrated Model of Attitudes toward Immigrants", *International Journal of Intercultural Relations* 30（2006）：671－682.

支持。① 另外有研究发现，拥有外群体朋友能减少偏见，因为友谊使人移情于外群体，采纳他们的观点。而且直接群体接触（自己有一个外群体朋友）和间接群体接触（自己的内群体朋友中有外群体朋友）的效果相当，它们都有利于减少群体偏见。很多留学生与当地人民接触越多，对他们的印象也就越好，那些与其他群体建立了友谊的人，往往容易对这些群体产生积极的态度。在美国的高等院校里，不同种族学生间的班内和校内互动，培养出对文化差异更大程度的接受，这些相互接触还能促进智力的提高。

从中可以看到，增加跨群体接触互动的机会可以达到预期的宽容态度和偏见的减少，但并不是所有类型的接触都能减少偏见。接触假设所论及的是人际间面对面的跨群体交流，这些跨群体交流者地位相差无几、"权力"相对平等、有着一些相同的目标，并在自愿的前提下交往。如果彼此间是不平等的零和竞争（zero-sum）关系，而且没有权威机构的支持，那么其结果会越来越糟。因为在资源紧张的情况下，外群体对就业、经济都会构成挑战，对价值观和身份产生威胁，零和竞争通常会置彼此于一种对立的关系。所以，接触理论的前提，同时也是它的局限性，并不是所有的文化接触都会使彼此的偏见减少。

接触可以减少刻板印象并增强对异文化的宽容度，但它也

---

① T. Pettigrew & L. Tropp, "Does Intergroup Contact Reduce Prejudice: Recent Meta-analytic Findings", in S. Oskamp, ed., *Reducing Prejudice and Discrimination* (Mahwah: NJLawrence Erlbaum Associates, Inc., 2000).

可能加剧刻板印象和偏见。而且偏见的形成有其认知、动机和社会文化层面的原因，它摆脱不了意识形态、利益冲突和权力关系的影响，所以接触假设的阐释力有其局限性。群体层面的交往并不是简单的个体人际交往的叠加，他们之间的接触是各种力量的碰撞。它包括群体的社会人口分布，文化和价值取向上的冲突上，族群的活力和权力，族群间资源的争夺等因素。文化接触在某些情形下甚至具有破坏性，所以我们经常看到邻国的人民之间经常交恶，彼此仇恨，成为相互误解最深的群体。偏见有其社会历史语境，受意识形态的影响，也和群体间可察觉的威胁（percieved threats）以及社会支配倾向等有关。

艾塞斯等（Esses et. al）等综合了社会认同理论（Social Identity Theory）、社会支配取向理论（Social Dominance Orientation）和共同的内团体身份模式（The Common Ingroup Identity Model）预测了加拿大和德国居民对移民的反应。加拿大对共同的民族内团体身份的引入和推广有效地降低了占主导地位的个人对移民的不利态度，而德国把移民包括在国民群体内的尝试则导致了高阶层中占社会主导地位的个人对移民更强烈的负面反应。该研究清楚地表明，在团体间的认知和关系中不同文化语境的重要性，发展一种旨在提高移民和接受国成员和睦相处的策略在不同语境中具有不同的含义。①

文化接触中碰撞的结果通常是冲突，在冲突中有协商、融

---

① V. M. Esses et al. "Perceptions of National Identity and Attitudes toward Immigrants and Immigration in Canada and Germany", *International Journal of Intercultural Relations* 30（2006）：653 – 669.

合、同化，也存在持续的对抗。冲突是社会互动的一种常见形式，完全协调一致的社会是没有生命力的、不存在的。彭凯平和王伊兰认为，跨文化冲突产生的一个主要原因是不同的团体或群体都在追求自我利益的最大化。但这种追求的结果是每个个体利益的损害，"因徒困境"和"公共地悲剧"揭示了这种社会两难的博弈问题。另外，人类所拥有的资源有限，不同群体在资源的占有和享用上就会有竞争，他们为争夺资源所进行的努力也是群体冲突的另一个内在驱动力。冲突产生的第三个原因是知觉到的不公平。跨文化冲突，在很多情况下是由于不平等的文化地位所造成的一方或双方对游戏规则的不满而导致的。第四个原因是知觉错误，也就是上文所论及的种族偏见。①

为了分析群体冲突的逻辑，哈丁（Russell Hardin）区分出社会互动的基本结构和权力的来源。② 他认为，生活中的策略性互动有三种基本的类型：冲突、协作（coordination）和合作（cooperation）。冲突互动见之于对自然资源的争夺，一方获益以另一方利益受损为条件。在协作互动中，一方获益以另一方也获益为条件（如照章行车），不同于因徒博弈的是，它对于参与者而言是互惠。合作互动包括冲突和合作的要素，交换是合作互动的一种典型形态，通过交换各取所需，一方面双方都让渡了某些权益给对方从而产生某种冲突；另一方面双方通过交换更好地增进了各自的福利。在哈丁看来，群体的力量和权力依赖于协作游戏，

---

① 彭凯平、王伊兰：《跨文化沟通心理学》，北京师范大学出版社，2009，第 228~231 页。
② 〔美〕拉塞尔·哈丁：《群体冲突的逻辑》，刘春荣、汤艳文译，上海人民出版社，2013，第 28~49 页。

这与依靠资源或权力交换的组织截然不同。它能够让内群体成员为了更大的权力进行协作。在某些情形中，协作可以激进地放大群体间微弱的差异性，成为群体间仇恨和暴力的催化剂，所以这种群体权力通常能够制造大规模的伤害并演化为暴力冲突。

当然，群体只有在特定的社会结构和情境因素下，经由领袖或精英的动员才成功地实现动员并引发群体间的冲突；特定的制度和机制也许只能在某种历史—社会—文化场景中才能奏效。认识到这种权变的、动态的因果关系，才能更好地找到创造和维系群体间和谐关系的解决方案。群体间的接触提供了一个彼此可能进一步了解、协商、合作的途径，有些沟通可以达成建设性的共识，但更多情况下它解决不了如何平衡我群和他群间的资源、权力的争夺和分配问题。

小　结

本章从"陌生人"这一概念出发，探讨了文化适应中"自我"与"他者"，"我们"与"他们"之间的关系。人际和群体间层面的文化适应研究沿袭了社会学的理论渊源，将人的行动视作更广泛的一些型构（figurations），把个体放在一个相互依赖的网络之中关联起来。社会学家的理论理想是把个体作为行为的能动者，在过度社会化观点和低度社会化观点之间找到平衡。低度社会化观点是个体"社会性孤立"的假设，认为他/她完全有个人的自由意志；而过度社会化观点认为个体完全受本族文化的宰制，社会影响已注入人的大脑之中决定了个人行为。所以在社会网络的研究中，个体的行为既是

"自主"的，也"镶嵌在"互动网络之中，受到社会网络的约制，于是个体在人际互动中被塑造或重塑，其人力资本、社会资本、经济资本也随之产生了变化。

在这一层面进行文化适应研究的传播学者虽然看到陌生人文化身份带来的自由度和自主，但他们把无限融入东道国社会视为心中的理想，在对文化全球化过于乐观的态度中迷失了自我和他者间的平衡点。跨文化调整的焦虑与不确定性理论把这一平衡视为可预测性和新奇性之间的平衡，而跨文化适应与传播整合理论中陌生人最终被同化到主流文化之中。这一层面的传播网络研究才开始起步，目前只是网络形态静态的呈现。这些研究关注到传播网络的支持属性，却忽略了网络的社会资源与权力属性。而群体间的接触理论看到跨群体交往对减少偏见和冲突的作用，但是它不能为平衡"我们"和"他们"之间的社会资源和权力问题找到答案，所以群体间接触中有协商、融合、同化，也存在持续的冲突和抵抗。

在人际和群体间层面，跨文化传播研究者关注到移居者（移民和旅居者）的社会互动和社会整合问题，试图用传播网络理论更好地解释文化适应现象，但大部分研究忽略了传播网络中的核心要素："关系内涵"，其间的各种互惠关系、交换关系，以及个人资本和社会资本的积累。另外，这一层面的文化适应研究没有揭示复杂的社会矛盾与资源分配的现实。其实，文化适应问题已延伸到复杂的社会、政治、经济矛盾之中。实际上，个体和群体所遭遇到的现实困境需要置入更大的文化背景和社会机制之中进行考察。

第五章

社会文化层面的文化适应研究：
多元视角与阐释的不确定性

　　毋庸置疑，文化适应状态与社会文化语境紧密相连。文化是意义、价值观和行为标准的整合系统，社会中人据此生活并通过社会化将其在代际传递。文化使特定的个体或群体可以理解周围的环境，分享共同的价值，协调彼此的关系，评判个人与社会行为。另一方面，文化意义体系又如同一道屏障，横亘在不同文化之间。文化特质和习俗都具有心理功能，特别是减少恐惧和焦虑的功能。要解决文化适应问题需要研究更广阔的社会文化，几乎所有的文化适应研究者都把这个维度纳入到自己的理论体系建构之中，例如贝利等建构的文化适应策略体系中所提及的更大的社会环境的影响，古迪昆斯特理论中的东道国文化条件因素，金洋咏理论体系中的环境因素等。

　　个体层面的文化适应研究考察的是个人属性，人际层面研究的是关系属性，而社会文化层面研究的则是文化适应者的观念属性，三者互相影响、密不可分，都是考察文化适应者重要的方面。人的观念受到所属的族群的影响甚至制约，族群认同基于共享的历史经验和文化价值观。文化适应研究必须要考察社会文化，一部分跨文化传播学者把目光集中在对跨文化群体文化表征的微观分析和比较上来，他们对文化适应中的"文化"进行了不同维度的测量。另一些学者则考察了文化适应过程中族群的文化身份和认同问题，还有一些学者则从社会语境和社会机制的角度来研究文化适应现象。他们以多元化的视角阐释了社会文化因素对文化适应者的影响，然而这些阐释有着一定的局限性和不确定性。

第一节　文化适应研究中的文化考量

　　文化适应研究对文化的考量必不可少，而文化是一个极为庞杂、包罗万象的概念。不同学科背景的研究者们对"文化"的不同理解，形成了他们不同的研究理路。文化是历史的沉淀，它有着持续、稳定的方面，也有其变化、不稳定的一面。跨文化中对某一"群体文化"的普遍性认知是必须的，它揭示了群体的可预测性行为模式，在跨文化传播中如果对文化差异没有任何推测和假设，就会陷入幼稚的个人主义，认为每个人都在以独特的方式行动。当然，我们也不能过分地依赖"常识"或"集体经验"来判断、解释个人的交流行为。大部分跨文化传播学者采用了量化或静态比较的方法对文化进行了考量。这种方法的优点是给予研究者确定的参照点，便于进行跨文化比较，但它的缺点是僵化了文化的概念，对文化的分类过于简单化、本质化，忽略了文化间彼此渗透、融合，甚至彼此的转化过程。于是在跨文化传播学领域也开始有学者开始从解释主义视角探究文化认同及建构问题，因为在这些学者眼里，文化就是参加社会活动或实践的鲜活经验。

一　高低语境文化的考量

跨文化传播学奠基者爱德华·霍尔在文化多元的新墨西哥社区长大，他的本科、硕士、博士攻读的都是人类学。20 世纪 30 年代，霍尔在印第安人服务处工作，对纳瓦霍人（Navajo）和霍皮人（Hopi）进行了人类学考察。他在土著保留区的体验对其后来建构跨文化传播理论有着深远的影响——这体现在隐性/显性文化的概念、高/低语境的概念以及他对时空概念的不同理解之中。"二战"服役期，霍尔指挥过非裔士兵团，在菲律宾经历了美军与土著居民的冲突，1951～1955 年间曾在美国外事服务学院（FSI）负责选拔和培训美国外交人员和援外人员。有着多年人类学研究背景和跨文化体验的霍尔看到跨文化传播中"文化"所外化的屏障和桎梏，在文化身份笼罩下的人们往往把他者视为自己不可预测的、不可控的一部分，从而形成跨文化交流的障碍。为了超越本国文化模式的局限，改善与其他文化群体的交流，他开始通过文化教学和培训帮助美国人克服傲慢与偏见。为了方便学员学习，使他们更好地了解文化间的差异，霍尔把文化分成由文化元素、集合与模式构成的层级系统，由三个层次构成：显性（formal）文化、隐性（informal）文化和技术性（technical）文化。霍尔把文化当作庞大的传播系统来研究，并制定出了详尽的文化教学示意图。他的"基本讯息系统"——互动、联合、生存、两性、领土、时间、学习（作为共享的行为方式的文化在不同层级有着不同的习得方式）、消遣、防卫、利用等构成了对文化的全方位理解。①

　　这种出于比较目的而建立的客位研究分类法开创了崭新的跨文化分析方法，使一般人觉得人类学非常实用。它有着以下几个步骤：（1）识别文化的积木块，即文化元素；（2）在生物学基础上整合文化元素，使之能成为各种文化比较的基础；（3）建立一套数据和方法论，给文化研究和教学提供有效而实用的基础；（4）制定统一的文化理论，以便做更深一层的研究。② 可以说，霍尔所引领的跨文化传播学研究是实用主义的，它力图帮助文化适应者跨越文化交流的障碍。

　　在其力作《超越文化》一书中，霍尔系统地阐发了高、低语境文化论。他认为，在跨文化传播中文化和语境是两个至关重要的因素，文化是人的延伸，它帮助我们过滤经验，做出选择和解释；语境帮助我们克服语言的局限性，完整地理解意义。他依据文化与语境之间不同程度的联系，把世界上的文化抽象为从高语境型到低语境型的文化流（cultural continuum）。高、低语境文化的分类是相对的，每种文化都有一定的混合性，不存在绝对意义上的类型。跨文化传播通常因为语境的差异而导致彼此的误解和冲突。

　　高语境文化常常用间接、委婉的方式表达意义，信息的很

---

① 〔美〕爱德华·霍尔：《无声的语言》，何道宽译，北京大学出版社，2010，第 150～151 页附录。

② 〔美〕爱德华·霍尔：《无声的语言》，何道宽译，北京大学出版社，2010，译序，第 12 页。

文化适应研究的进路

大一部分隐含在心照不宣的、大家早已达成共识的非言语的代码中，内化于人们心中的价值观与规范，肢体语言等传达了大部分意义，而用语言明确表达出的仅仅是整个信息的一小部分；低语境文化正好相反，低语境文化偏爱用明确、直接的方式表达意义，信息基本上都包含在语言之中。[①] 高语境文化强调群体的内外之别、对他人的责任以及对集体的忠诚；低语境文化并不强调群体的内外有别以及相互间的期待与义务。高语境文化的时间是多元的、面向过去的，而低语境文化则是单向度的、面向未来的。低语境文化的代表有德国、瑞士以及北美文化等；而高语境文化的代表有中国、韩国、日本以及北美印第安文化等。

霍尔的理论体系中包含语言、文化和语境三个基本的变量，它研究的是三者之间的互动关系。高语境文化的交际高度依赖通过非言语媒介表达的隐性文化来完成，而低语境文化的交流则主要依靠由语言来表征的显性文化。依据霍尔的论述，跨文化传播在本质上可以被看作解读显性文化和隐性文化的过程，而对后者的把握是跨文化传播的关键：只有正确地解读隐性文化才能跨越文化差异，理解交际者的真正意图，实现成功的交际。霍尔所提取的文化维度是跨文化交流者日常生活的方方面面（日常生活里的人类学），以此形成对文化的立体化理解。霍尔建构的文化体系试图描述在复杂的文化系统中各文化元素间如何相互作用。

---

① 〔美〕爱德华·霍尔：《超越文化》，何道宽译，北京大学出版社，2010。

这种客位类别的构建基于霍尔早年长期人类学的观察和研究之上，它们比较中性化，没有什么优劣之分，也没有道德的评判，以最大化地促进文化交流为目的。文化的确有其客观的事实性，例如那些显性的、外在的行为模式。他所划分的文化体系让我们获得了对文化模式的一般性的认知。高低语境大致对应东西文化的分野，从此跨文化传播学从文化差异问题开始，逐渐延伸到价值观、文化身份、文化适应、能力与意义等重要议题。这种把文化当作自变量的研究取向主导了这一领域的相关研究，但是它忽略了跨文化传播过程中文化间的互动和变化。另外值得注意的是，霍尔所论及的文化是"民族国家"层面的国别研究，它本身是冷战所带来的"国家文化"研究的一部分，为美国政治、军事、文化的全球扩张服务，所以很快被收编到美国的全球化策略之中。他当年创建的文化培训方式在全球经济一体化的过程中很快被运用到跨国公司的各种商业培训之中，帮助它们开拓国际市场。

二　价值观维度的考量

比起外在的物质文化，文化中最重要的还是主观文化和内在文化，比如价值观念、审美方式、道德标准等。跨文化传播学家传统上用来分析价值观取向的体系由克拉克洪和斯托贝克（F. R. Kluckhohn & F. L. Strodbeck）提出。他俩都是人类学家，在考察了无数文化之后认为，所有人都会以自身的文化去回答一些基本问题。他们创建的体系划分出人的本性（善恶论）、人和自然的关系（从属—合作—控制）、人与时间导向（过去—现在—将来）、人与行动导向（正在发生—正在变化—实践）、人与人的关系（权威主义—集体主义—个人主义）这五个比较中立的客位类别。① 每个类别中以一条轴线描述不同文化中人对两者关系的不同看法。轴线上所有的定位其实在所有文化中都有不同程度的表现，某个定位只代表更普遍的有某种偏向的价值观。

分析价值观的另一种方法由荷兰学者吉尔特·霍夫斯泰德（Geert Hofstede）提出。他长期从事国际商务管理和人力资源研究，深刻感受到不同国家不同文化之间组织行为的差异。在经济一体化的过程中霍夫斯泰德意识到研究不同文化和价值观的重要性。于是他在 20 世纪 70 年代末对全世界不同国家和地区的 IBM 员工进行了迄今世界上最大规模的文化价值调查研究。他没有从交际方式的角度来划分文化类型，而是依据人们对一些普遍性的文化价值的取向来界定他们的文化模式。与克拉克洪和斯托贝克的演绎法相反，霍夫斯泰德用归纳法进行元素分析，分离出四个价值观维度，通过统计学意义上的元素综合，勾画出不同文化的脉络。

1980 年霍夫斯泰德在他的《文化后果》一书中探讨了个体主义与集体主义（individualism and collectivism）、权势距离（power distance）、不确定性规避（uncertainty avoidance）以及男性气质与女性气质（masculinity and femininity）四个文化价值维度。② 为了淡化原有理论的欧化倾向，他于 1997 年增加了长期导向和短期导向（long-term and short-term orientation）

---

① F. R. Kluckhohn & F. Strodbec, *Variations in Value Orientations* (New York: Row & Peterson, 1961).

② G. Hofstede, *Culture's Consequences: International Differences in Work-Related Values* (Beverly Hills CA: Sage Publications, 1980).

的维度①，2010 年又增加了放纵和自律（indulgence versus self-restraint）维度以更好地反映非欧美国家的文化价值取向。② 在霍夫斯泰德看来，文化是集体的思维程序，它把一个群体的成员或一类人与其他的人区分开来。文化有普遍性的和特殊性的价值，虽然不同文化对那些普遍性价值的认同度各不相同，但跨文化比较还是可能的。霍夫斯泰德选取了人类文化中六个具有普遍性的价值维度作为考察对象，同时依据各个国家对这些价值的接受程度划分它们的文化类型。对他而言，跨文化传播之间的差异在于每种文化对于人类普遍价值的不同取向和偏重。

　　第一个维度是权势距离，它体现同一个社会系统中某个较弱个体与某个较强个体之间权力不平等的程度。有些文化倾向于认可大的权势距离，有些文化则更愿意接受较小的权势距离。文化塑造的权势距离直接规范着人们的社会行为，生活在权势距离指数值较低文化中的人认为权力应该是更加民主的，他们行为独立，尽力缩小社会差距，彼此平等相待；权势距离指数值较高文化中的人更多依赖他人，认可社会等级以及人与人之间不平等，以不同的态度对待上下级，强调权力的必要性，但是组织成员看待权力的方式会因其所处文化和他们在组织中的位置的不同而不同。③ 根据他的权力距离指数（Power

---

① G. Hofstede, *Cultures and Organizations*：*Software of the Mind*（1st Ed.）（Maidenhead：McGraw-Hill Book Company, 1997）.

② G. Hofstede, *Cultures and Organizations*：*Software of the Mind*（3rd Ed.）（Maidenhead：McGraw-Hill Book Company, 2010）.

③ G. Hofstede, *Cultures and Organizations*：*Software of the Mind*（3rd Ed.）（Maidenhead：McGraw-Hill Book Company, 2010）, pp. 80 – 90.

Distance Index，PDI)，奥地利、丹麦、新西兰等国指数较低，属于典型的平等型国家；而马来西亚、危地马拉、巴拿马等国则属于典型的不平等型国家。

第二个维度是不确定性规避，它主要指人们在社会交际中避免模糊或模棱两可状况的一般倾向。高度不确定性规避的文化成员对明确性有较高的预期，难以容忍模棱两可的现象，往往希望他们所处的社会有章可循，他们通常更加忠诚于其职位，在本职位上工作的时间也更长。[①] 希腊、葡萄牙和危地马拉等是不确定性规避程度较高的地区。而不确定性规避程度较低的社会成员不排外、宽容差异，接受非传统的思维和不确定性，不强调高度的集体认同。

第三个维度是集体主义与个人主义。一个文化是否属于个体主义或集体主义在于它是否为其成员提供了独立的或相互依赖的"自我理解"（Self-construal)。就个人主义指数来看，澳大利亚、荷兰和美国等国的指数值较高，属于典型的个体主义文化的国家，它们的成员相信人的自助、自治和自我价值的实现。他们以个人为重进行社会交往，推崇个人自由和社会竞争。危地马拉、巴基斯坦和中国属于典型的集体主义文化的国家，其社会成员重视集体认同和团队利益，以集体为重处理人际关系，把集体利益置于个人利益之上。

---

① G. Hofstede, *Cultures and Organizations*: *Software of the Mind* (3rd Ed.) (Maidenhead: McGraw-Hill Book Company, 2010), pp. 142 – 155.

第四个维度是男性气质与女性气质。在男性气质的社会中，男女的社会差异明显，性别歧视较为普遍，人们往往看重雄心、竞争力、金钱及胆识；而女性气质的文化则鼓励男女平等，其社会成员则更加看重相互关系的发展，不推崇强者优先的原则，对性的态度开明。① 日本、奥地利和委内瑞拉等国是男性气质较强的国家，瑞典、挪威和荷兰是女性气质较强的国家，文化差异导致不同国家男性气质和女性气质的程度有所不同。

第五个维度是长期导向与短期导向。它是指不同文化在时间维度上的价值取向。重视长期导向的文化成员更加注重节俭、人际关系和社会教育，重视长远效应，强调社会伦理。而短期导向的文化成员重视短期效益，认同法治，具有较强的自我意识，主张私人领域和公共领域的分离。

第六个维度是放纵和自律。这个维度的相关数据和论述较少，拉丁美洲地区的放纵程度较高，而东亚、东欧和伊斯兰国家比较自律。

一直以来，霍夫斯泰德考察的是旅居者中的跨国精英（如商务人士、技术人员、高端客户等）这一文化适应群体。他在72个国家的跨国公司和其他相关部门做了十几万份的问卷调查，积累了翔实的数据，提出了文化价值取向理论。它使跨国商务人士通过培训粗略地对其他文化有所了解，有助于提

---

① G. Hofstede, *Cultures and Organizations*: *Software of the Mind* (3rd Ed.) (Maidenhead: McGraw-Hill Book Company, 2010), pp. 280 – 290.

高他们的文化敏感度，有利于他们与不同文化群体交往，更有效地开展工作，成功地达成商务合作。霍夫斯泰德把文化这一非常复杂的概念化约为这六个可以测量的操作性变量，给文化差异的分析带来了定量研究的可能性，但同时它的局限性也非常明显：就其理论体系而言，这六个维度之间的逻辑联系的阐释明显不足。① 例如霍夫斯泰德阐明了权势距离与不确定性规避以及个人主义之间的联系，但没有说明个人主义与男性气质以及长期导向与其他文化维度的互动关系。就每个维度而言也过于笼统，有待进一步深入。

霍夫斯泰德的文化价值维度理论因其一定的普适性、简洁性和可操作性得到文化适应研究者的青睐和运用，特别是有关个人主义与集体主义的论述引起跨文化传播界广泛的正面回应和一系列的跟进研究。希腊学者特兰迪斯（Harry C. Triandis）在此基础上提出了更精致的横向和纵向的个体主义与集体主义取向论（Horizontal/Vertical Collectivism and Individualism）。横向个体主义是一种珍视自我独立和相互平等的文化定位；纵向个体主义是指主张个人自治，而不是现实中人与人真正的平等。横向集体主义强调相互依赖，把自我看作群体中与他人平等的成员；纵向集体主义重视集体认同，但同时强调下层人员的服务与奉献精神。②

霍夫斯泰德的研究理路是应用型的跨国文化比较，它基于

---

① 单波：《跨文化传播的问题与可能性》，武汉大学出版社，2010，第49页。

② H. C. Triandis, *Individualism & Collectivism* (Boulder: Westview Press, 1995).

商业领域广泛的量化调查，显然存在片面性。因为在文化范畴内用线性的、相互排斥的二元概念进行数字量化调查所得出的结论，其解释力值得怀疑。[①] 在文化适应研究过程中古迪昆斯特也把文化价值观前四个维度作为文化变异性变量纳入到自己的跨文化调整的量化研究中来。但问题是，如果对不同的文化适应群体的文化因素的考量只局限在这几个方面，显然是比较片面的。

三　文化距离的考量

以上理论试图找出文化的不同维度和文化适应状况之间的关系，例如个体主义或集体主义维度如何影响到文化适应的状况。而另一种研究方法则把多种文化维度概括为一个变量——文化距离（culture distance），并试图找出它对文化适应的直接影响。文化距离从心理距离（psychic distance）的概念演变而来，它指两个国家间的社会文化差异，包括其饮食、环境气候、语言、休闲娱乐、价值观等方面的差异。文化距离越大，跨文化交流者间文化共同点越少从而产生距离感和陌生感，经历更大的生活变化，文化适应就越困难，就会承受更大的文化适应压力。

巴比克尔等（Babiker, Cox & Miller）首先提出了文化距离的概念，并设计了一份问卷（Cultural Distance Questionnaire,

---

① C. Hampden-Turner & Fons. Trompenaars, "Response to Geert Hofstede", *International Journal of Intercultural Relations* 21 (1997): 149 – 159.

文化适应研究的进路

CDQ）来测量文化距离对爱丁堡大学留学生的心理病症和学业表现的影响。[1] 他们认为，文化距离是旅居者在跨文化适应过程中的一个重要指向标，是旅居者体验到的压力与适应问题的调节变量，可以预测旅居者在客居国中将会经历的压力以及困难。文化距离的假说预测：旅居者的来源国文化与东道国的文化距离越大，他们的文化适应就越困难而且心理压力也越大。

这份文化距离问卷选取了 10 个文化参数：气候；食物；语言；衣着；宗教；教育水平；物质舒适度；家庭结构和家庭生活；谈恋爱结婚；休闲活动。每项列有若干问题要回答，每个回答以 3 分测量：完全相似 1 分，完全不相似 3 分，居中 2 分。每项得分是若干问题的总分加起来除以问题数，最后 10 项得分汇总得到的是文化距离指数。他们认为以上 10 项文化的社会和物理属性给两种文化距离的比较提供了足够的基础。当然，他们也承认文化的许多方面如艺术及其他抽象概念也很重要，但是因为这些方面不好测量，所以未包括在内。

以文化距离为指标来测量和预测文化适应状况受到许多跨文化传播学者的追捧。波特和萨默瓦曾以美国为例说明了不同文化间的文化距离。比如，意大利人和沙特阿拉伯人之间的文化距离远远大过美国人和英国人之间的文化距离。很多实证研究支持了这一假说，认为文化距离越大的旅居者需要有更多的

---

[1]　I. Babiker et al. , "The Measurement of Culture Distance and Its Relationship to Medical Consultations, Symptomatology and Examination Performance of Overseas Students at Edinburgh University", *Social Psychiatry* 15 (1980): 109 – 116.

努力和资源调整自己以跨越文化间的巨大差异。弗汉姆和博克纳（Furham & Bochner）对在英国的留学生的实证研究证明：与英国文化距离较近的群体，如来自北欧和西欧的留学生产生的适应困难最小，而与英国文化距离中等的群体，如来自南欧和南美的留学生产生的问题居第二位，与英国文化距离最远的群体，如来自中东和亚洲的留学生产生的适应困难最多。[①] 他们在研究中提到，文化距离与旅居者身体状况以及心理状况等因素都存在着一定的关系，平均相关性（r 值）在 0.35 左右。也就是说，文化距离所带来的生活变化会在很大程度上影响文化适应的结果。

在随后的研究中，很多学者都利用文化距离调查问卷作为工具来研究文化距离与文化适应的关系，验证了文化距离问卷（CDQ）的科学性，他们甚至认为文化距离是造成文化适应问题的根本所在。在跨国商务人士身上，在对来自法国、德国、韩国以及斯堪的纳维亚地区的 224 名外派人员进行的一项研究中，其结果表明，来源国文化对旅居者的文化适应会造成很大影响。[②] 由于韩国对外开放的历史并不长，因此，相比欧洲外派者来说，来自韩国的外派者在跨文化适应上要经历较多的困难和不适。

虽然文化距离对文化适应状况有直接影响，但如何测量复杂微妙的文化实际上是个难题，测量文化间的距离更是一个挑战。通过提供简单的、标准化的方法看似为研究者提供了方

---

①　A. Furham & S. Bochner, *Culture Shock*: *Psychological Reaction to Unfamiliar Environments* (London: Routlege, 1986).

②　史兴松：《驻外商务人士跨文化适应研究》，对外经济贸易大学出版社，2010，第 61 页。

便，但实际上忽略了文化的深层因素，难以揭示已经潜入民族或个人的深层心理结构里的文化特征。

四 文化维度与文化适应量表

在文化多元的社会中，政治经济、历史语境不同会影响到少数裔群体的社会文化适应状况。于是贝利（John Berry）归纳出多元社会中以下 6 项重要的文化维度。①

第一，多样性（diversity）。多样性考察文化人中的位置、角色及其制度有多大不同。文化中存在变异的（区域性的或种族的）亚文化吗？一些文化在行为和思考方式上相当同质化，大部分人有着相同的种族身份（比如日本和冰岛），相反在澳大利亚和加拿大人们则很不一样，人们有着不同的种族身份。

第二，平等性（equality）。平等性考察社会结构中的差异是水平（均等）分布还是垂直（等级分明）地分布。某些社会存在严格的等级制度，而一些则没有永远的权威和领袖，行动的协调靠大家的共识或临时的领袖。

第三，一致性（conformity）。一致性考察社会中的不同部分如何紧密地组成。个体多大程度上嵌入社会？在一些社会人们紧紧地嵌入内群体的规范体系和社会义务之中，而在另一些社会人们相对自由地去做自己的事情。在文化适应过程中，对社会成员和文化适应个体而言，独立于本群体的机会很不一

---

① D. L. Sam & J. W. Berry，*The Cambridge Handbook of Acculturation Psychology*（Cambridge：Cambridge University Press，2006），pp. 31 – 32.

样，这种差异会在文化社区内部以及家庭中产生社会冲突以及个体的心理冲突。

第四，财富（Wealth）。财富考察日常开销所需的平均水平。它是文化的一个变异维度。财富的一些方面（如金钱、所有物、休闲时间等）很具体，所以很容易观察。然而在有些方面就不那么明显了，比如财富的分布（它是相对平均地分布还是大多数资源掌握在极少数种族群体或家族手里）。另外，教育程度、信息传播的接近权、健康和个人价值都随财富的变化而变化。

第五，空间（space）。个体如何使用空间（如住房和公共场所）？他们如何在人际交往中保持距离？亲密的人际距离在一些文化中很普遍而在另一些文化中会引起不适和误解。

第六，时间（time）。与空间维度相似，在文化上，时间使用的意义对于跨文化经验有限的人来说很容易被忽视。守时和个人参与度在不同文化中是不一样的。

贝利强调这6个文化维度在考察多元文化社会的重要性，但同时也指出，语言、宗教也是影响文化适应状况重要的方面。

在文化适应研究领域，另一个被广泛使用的文化适应指数量表（The Acculturation Index）由沃德和拉娜德巴（C. Ward & R. Rana-Deuba, 1999）所共同设计。与文化距离量表不同的是，它考察的是文化适应者本人所认同的分别与两种文化的相似度，在两个维度（原文化以及东道国文化）进行测量。她们从两个维度提问来考察移居澳大利亚的新加坡人身上所发生的变化：他们的行为和体验多大程度上与来源国相似？他们的行为和体验多大程度上与来东道国相似？两个维度得分都高的采用了整合策略；相反得分都低的则采用了边缘化策略；与来源国文化相似度高但与东道国文化相似度低的采用了分离策略；与来源国文化相似度低但与东道国文化相似度高的采用了同化策略。①

该表考察了社会文化的 21 个方面，它既考察了文化的表层因素（如服饰、生活节奏、食物、生活水平、娱乐活动、住宿状况、语言、交流方式等），更多地包括了深层因素（宗教信仰、价值观、世界观、社会习俗、政治意识形态、自我身份等），以此来测量移居澳大利亚的新加坡人的文化适应状况，其研究结果印证了贝利的观点，采取融合策略的移居者社会文化适应状况最好。她们建议在对不同的文化对子的考察中沿用此表应稍作增减再推广使用。但问题是，个人对两个文化集合异同的认知和评价是微妙的，他们看待两种文化是相似还是相异的程度不一，会造成衡量差异性的标准上的偏差。

其实文化如何被测量是个难题。不同社会文化的考察项很不一样，存在普遍适用的量表吗？文化适应量表必须考察不同文化中能清楚显现文化边界的文化表征。比如研究中国人在西班牙的文化适应状况时，语言的使用（汉语 - 西班牙语）可以体现出它们之间的文化边界，但"语言"不能作为有效研究英国人在美国文化适应的考察项。贝利等（Berry et al.，2006）在 13 个国家的 42 个种族群体中使用了超越民族、一般

---

①   C. Ward & R. Rana-Deuba, "Acculturation and Adaptation Revisited", *Journal of Cross-cultural Psychology* 30 (1999)：422 – 442.

化的量表，但结果证明其效度（validity）和信度（reliability）都不好。

　　萨默瓦和波特（Samovar & Porter，2004）认为，文化有其表层结构和深层结构。表层因素包括饮食习惯、气候、居住条件以及衣着习惯等，而深层文化结构则扎根在文化的基本运行机制之中，它包括价值观、世界观、宗教、家庭结构、政府及社区结构等。①霍夫斯泰德的文化洋葱理论也阐述了相同的理念：文化洋葱最外层代表某文化的符号（发型、服饰、手势等）共有的行为模式等；再往里一层为当地人所共享的英雄人物、仪式等；最深层的文化因素则为世界观、价值观等。文化如同洋葱一样，越往里层，文化因素就越难理解，也越难受到外界因素的影响而改变。在文化适应过程中，跨文化交流者一般首先接触到的是表层文化因素，随着时间的推移，深层文化因素对他们的影响才会慢慢彰显，而深层文化因素对他们造成的冲击和困扰也许会比表层文化因素带来的冲击更加剧烈。所以，文化适应量表是否能真正考察到文化是个问题。

　　根据霍夫斯泰德的"文化洋葱"理论，表层的文化因素很容易受到外界因素的影响而发生改变。特别是由于近年来全球一体化的发展，全球各个国家和地区在基础设施上的差异越来越小，居民的生活模式、生活习惯、工作方式之间的差异也在渐渐缩小。尤其像在一些大都市，基础设施以及居民生活习惯等各方面都日趋符合国际化标准。因此，文化适应过程中，在

---

　　①　〔美〕拉里·A. 萨默瓦、〔美〕理查德·E. 波特：《跨文化传播》，闵惠泉等译，中国人民大学出版社，2004，第 105 页。

文化适应研究的进路

表层文化因素方面并不会感受到太大的差异和不适。相反，由于各国各地区之间存在差别迥异的文化背景、历史风俗以及价值观念，而这些核心文化因素很难受到外界影响而发生改变，因此，当地的一些核心文化因素给跨文化交流者带来的困扰和冲击就会较为剧烈。一些实证研究的确验证了，对于表层文化因素的适应要好于对深层文化因素的适应。例如在史兴松的研究中，她关注到中国驻外商务人士深层文化因素的适应状况较差，在表层文化适应因素中食物和娱乐设施这两项难以适应。[①]

以上文化适应研究中对文化的考量或视文化为独立变量的集合，如以"文化距离"为指标来测量它与文化适应状况之间的联系。抑或，研究文化维度作为中间变量对行为结果造成的间接影响，如焦虑和不确定性变量如何受到个人主义/集体主义文化因素的影响。这种研究方法遭到不同学者的诟病。把文化表征作为独立的变量，以一种简化的方式来识别文化，就是将文化植入了一个语境真空，其结果是考察了一些表象（如语言、食物、穿着和喜好等），而忽略了深层的意义生成的许多方面。所以文化考量应该植入具体的语境之中，在学校、工作场所、社区等不同环境、不同族群中打开文化的包裹，否则当你单个揭去一层层洋葱皮去考察时，或许日趋接近文化的核心部分，但是当最后一层也剥去时，一切都荡然无存了。另外，这种通过像剥洋葱一样剥开表层试图展现永恒深层文化的实证方式不足以揭示文化的转换和改变。

---

① 史兴松：《驻外商务人士跨文化适应研究》，对外经济贸易大学出版社，2010，第71~73页。

五　文化的建构与认同

当人们既在描述一种文化，又认为自身参与其中的时候，文化指的就是"一种认同"。我们的文化行为就是将集体经验付诸行动，并在其中获得更多体验，这是文化认同的本质所在。在科里尔（Mary J. Collier）那里，文化并不是独立的变量和先验性的事物，而是历史上在传播中所形成的符号、意义和规范系统。于是她和托马斯（Collier & Thomas）提出了文化认同理论（Cultural Identity Theory, 1988），认为文化在传播中协商、创造、巩固并遭到挑战，属于不同文化的话语系统的交流就是跨文化传播。每种文化都有自己独特的规范和意义系统，它主要由文化群体的核心符号系统表征构成，产生于社会交往和跨文化对话之中，在不同的语境中显示出多样的形态，所以我们要在话语（discourse）中判断文化认同和身份归属。

文化包括族群性（ethnicity）、性别、职业以及其他任何与个人密切相关的符号系统。它在两个层面得到体现：一是规范性层面，即行为模式和社会规则，如社会庆典、礼仪、禁忌或谈话的程序等；二是构成性层面（意义层面），即在隐喻、故事、神话以及各种社会符号系统之中的体现。每个文化的核心符号及其构成的意义系统把不同文化区别开来。跨文化能力体现在能否得体地运用规则、理解话语意义，并且有效地确认交际者的文化身份。文化身份的确立可以在共享的历史经验和文化代码基础上产生连续的、稳定的意义架构，它在承认群体共性的同时也重视内在的差异性，将文化认同看作是不断变化的意义建构。①

在这里，文化认同是指确认和接受某群体共享的符号、意义以及行为规范。当个人认同某文化群体时，就能够使用和理解群体的符号与意义系统，并且以合乎文化规范的行为进行交流。人们在话语中协商多元身份（民族身份、种族身份、阶层身份、性别身份、宗教身份等）。在各种跨文化语境中，文化认同在范围的大小（scope）、凸显性（salience）和强度（intensity）方面表现出截然不同的状态。比如，有较大范围的国家文化认同，也有小的地方文化认同；在凸显性上，某些仪式显得重要，另一些却不那么突出；在强度上，人们强烈地认同某些文化，却较平淡地对待另一些文化身份。简而言之，文化认同与社会语境一同发生变化，这些变化可以从跨文化互动所产生的话语文本中反映出来，并逐渐建构了交流者的文化身份。

文化认同理论属于解释性理论，它在经验归纳型理论占主流的情况下，为探寻跨文化传播开辟了另一条思路。在这里文化分析不是寻求某种规律的实证科学，而是一种探求意义的解释科学。它不能越过个体进行概括，而是在个人体验的话语中进行描述、归纳。在近些年的研究中，科里尔开始把文化认同理论扩展到一种批评视角，对文化语境、意识形态和社会等级进行了批判。目前这一理论被用来对公共或访谈文本进行话语分析（discursive analysis），聚焦于文化身份地位和跨文化关系

---

① M. J. Collier & M. Thomas, "Cultural Identity: An Interpretive Perspective", in Y. Y. Kim & W. B. Gudykunst, eds., *Theories in Intercultural Communication* (Newbury Park: Sage Publications, Inc., 1988), pp. 99 – 120.

的协商。文化适应研究的焦点是融合、变化中的文化，所以这一解释学路径的方法在跨文化传播学领域的文化适应研究中应该有较大的应用空间，有待展开。

第二节　熔炉和色拉拼盘：社会整合的不同路径

社会语境与社会制度和政治框架息息相关，在文化适应研究中对大的社会环境的考察必不可少。在贝利的文化适应策略的理论中，他提到了更广阔的社会所采取的策略的重要性。如第三章图 3 - 3 右边部分所呈现的那样，就更广阔的社会而言，其同化策略即社会施行熔炉政策（melting pot）；分离策略即采取种族隔离政策（segregation）；边缘化策略会采取排斥政策（exclusion）；如果实现文化多样化是主流社会的目标，它就会采取文化多元化政策（multiculturalism）。

这是四种主要的对待文化差异的方式，但现在很少有政府采取种族隔离和种族排斥政策来应对多种文化并存的状态。但有时他们也会安排新来的移民和难民在一定的聚居区，或在民族内部划定少数民族聚居地，让他们寻求彼此的支持。但是强迫聚居有可能将这些种族群体和主流社会孤立开来并使他们陷入螺旋式贫穷的困境。如果将这些群体分散开来，这样他们可能很快地被主流文化同化，但将他们同自己的群体孤立开来的后果是可能要冒这样的危险：留下心灵的创伤。① 而在当代的

---

① 〔英〕C. W. 沃特森：《多元文化主义》，叶兴艺译，吉林人民出版社，2005，第 9 页。

排斥更多地体现为一种仇外情绪和恐外症（Xenophobia）。

一直以来，有两种政策来应对不同种族文化群体并存的状态：其一是熔炉式的同化论，其二是色拉拼盘式（salad-bowl）的多元文化主义论。熔炉（melting pot）这个词最初由美国犹太裔剧作家伊斯雷尔·赞格威尔（Zangwill）提出，首次出现于赞格威尔1908年创作的同名剧本之中，它指19世纪末涌入美国的移民被鼓励逐渐抛弃他们自己的原文化，接纳一种共同文化的确立美国人身份的过程。这一过程就像熔炉，最终将他们熔合成为新合金的一部分。熔炉论提倡一种渐进的同化政策。熔炉式的观念是只有一个主导的或主流的社会，由他们确立社会的主要特征，而其他的少数裔群体则处于边缘地区，并认为这些群体最终应该基本消失、融入主流社会中来。少数裔群体的文化延续性遭到否认，他们参与社会活动是为了最终被吸纳到主流社会中来。这种文化一致性有利于维护一个国家的存在，族群认同常被国家认同和社区认同所替代。依此观点，"一个民族，一种文化，一个民族国家"成为最重要的目标，以此消除社会因种族文化差异而造成的冲突。很显然，熔炉政策会导致少数族群特征的消失。

多元文化主义是美国犹太裔社会思想家霍勒斯·卡伦（Horace Kallen）提出的，以应对美国对犹太人的同化压力。1915年，卡伦在《民族》周刊上发表了他的《民主对熔炉》（Democracy versus melting pot）一文，表示反对把美国化、熔炉论作为美国社会吸纳移民的正确模式。他认为，人类的"心理/生理继承"不可剥夺，同一并不优于多样，最合理的社会就是让不同文化表现出自己的独特性，美国会因其多样性而繁荣，对族群文化多样性的宽容是美国治国哲学不可缺少的一部分。他在 1924 年的论文集《美国的文化与民主》中首先使用了"多元文化主义"一词。几乎同时，"马赛克"（Mosaic）概念出现在加拿大，它与卡伦的多元文化主义理论有异曲同工之处。

但最初多元文化主义的影响力敌不过"熔炉"论，直到 20 世纪五六十年代才越来越受到社会学家、历史学家和教育家等学者的支持和推崇。不同的文化群体就像"色拉拼盘"（salad-bowl），在这个拼盘中，不同的成分不是抛弃了它们本来的文化特征而是保留着它们的独特性，而作为整体这道菜又独具一格。公共机构不能对文化归属作出合法认定或不认定，多元文化主义希望政府赞美多样性而不是抑制多样性。

在加拿大，多元文化主义的起点是魁北克及其语言问题。从 1965 年开始，这一概念就出现在加拿大皇家双语双文化委员会的报告（the Report of the Royal Commission on Bilingualism and Bicutualism）中，多元文化主义取代二元文化政策的观点被首次提出。它表明，加拿大社会不再只关注两个主要文化群体（英裔和法裔），而是将族群多样性纳入考虑之列，有着尊重少数裔文化的开放思想，使不同文化群体能够保持他们独特的文化身份。1971 年，加拿大政府正式实施多元文化主义政策，并在 1982 年以《权利与自由宪章》的形式使其成为宪法的一部分。之后，多元文化主义从最初的语言范畴，拓展到文化教育、社会政治领域。澳大利亚和瑞典也是较先开始实施多元文化主义的国家之一。澳大利亚在 20 世纪 70

年代所进行的社会改革主要是为了维护移民在社会和教育方面的权利，支持其保持文化和语言传统。到了 80 年代和 90 年代，多元文化主义议题包括了文化认同、社会正义和集体经济效益。瑞典在 1975 年开始采用多元文化主义政策来接纳大量移民，少数裔和主流群体在生存标准上一律平等，在族群认同和国家认同之间有选择权，每个人在工作中都得到尊重并受益，它主要关注经济参与而不是文化差异问题。但在西欧的许多国家里文化多元是另一番景象，他们大多采取的是一种主流文化框架内的多元文化，它只表现为人口构成方面的多元，还没涉及意识形态和政治层面。

多元文化主义作为一种政策开始实施，它意味着政治社会中不同的文化群体并存，而且在多元社会里的每一个种族文化群体都是社会的一个组成部分，彼此之间是平等的，个人和群体保持自己的文化连续性和文化身份，在此基础上加入到更广阔的社会框架之中（见图 5－1）。这样的社会在法律、经济和政治上有着共享的社会规范，但其社会制度可以为了调整所有不同文化群体的利益而不断改进。当主流社会对文化多元持开放和包容态度，非主流群体更可能选择融合的适应策略，更能接纳大社会中的价值观，同时主流群体必须准备好去调整国家制度以满足多元社会中不同群体的需求。

就文化适应者而言，他们的文化适应策略是在社会环境的影响下，双方文化适应取向共同作用的结果。东道国的政策和社会环境与移民个人的文化适应倾向并不总是一致的，当他们抱有相同的文化适应取向时，相互关系最为和谐。有着相同文化传统的少数裔文化群体如果生活在不

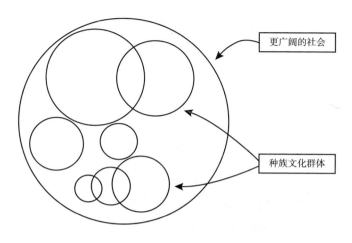

图 5 - 1　多元文化主义的社会图

资料来源：L. S. David & J. W. Berry, *The Cambridge Handbook of Acculturation Psychology* (Cambridge：Cambridge University Press, 2006)，p. 28.

同国家，他们在文化适应取向上不尽相同，社会语境在适应中发挥了重要作用。当主流社会主张同化而少数裔倾向融合时，就会产生一系列问题。以分别生活在保加利亚和荷兰的土耳其人为例，不同的社会历史语境使得他们的文化适应策略和状态各不相同。土耳其人是这两个国家最大的少数裔族群，他们以重视自己的文化传统而著称。他们一般受教育的程度较低，经济地位也较低，或多或少地受到主流社会的歧视。几个世纪以来，在保加利亚的土耳其人成为当地的最大的少数裔。自 20 世纪 80 年代以来，他们一直受到广泛的文化同化压力，将近 100 万土耳其裔改名换姓。而在荷兰，近几十年才有大批土耳其人移民至此，他们主要是短期性的劳工移民。荷兰政府鼓励他们保持其原文化，甚至让他们最低限度地学习掌握荷兰语。荷兰社会对这些土耳其人基本上持多元文化主义策略。迪米特洛娃等（R. Dimitrova et al.）在对其中的 391 名土耳其人所进行的研究中发现，在保加利亚的土耳其裔不得不接受主流文化，特别在基本的生活领域，如工作和教育。他们的社会文化适应水平较高，但是他们的幸福感水平低。而在荷兰的土耳其人保持着更鲜明的族群特色，更多地从原文化中获得支持，他们在医疗、基本教育的接近权、经济状况等方面对生活的满意度更高一些。①

贝利和卡林等（Berry & Kalin，1995）认为在文化多元的社会，如果多元文化主义成为主流价值观，那么种族偏见的水平就会相对较低，种族群体间就会产生积极、正面的态度，不同种族群体就会对社会产生更强的民族认同。增进族群接触、加强信息交流、改变社会的大环境会缓解个体文化适应困境。② 他们在加拿大做过"多元文化意识形态"的全国性调查，自 20 世纪 80 年代到现在的 25 年里，加拿大社会越来越接受多元文化主义的主张，支持率从 65% 提高到 70%。有关"多元社会跨文化的相互关系研究"（Mutual Intercultural Relations in Plural Societirs，MIRIPS），在贝利的主

---

① R. Dimitrova et al. ，"Turks in Bulgaris and the Nertherlands: A Comparative Study of Their Acculturation Orientations and Outcomes"，*International Journal if Intercultural Relations* 40（2014）: 76 – 86.

② J. W. Berry & R. Kalin，"Multicultural and Ethnic Attitudes in Canada"，*Canadian Journal of Behavioural Science* 27（1995）: 310 – 320.

持下正在世界范围内展开，它主要考察族群及主流社会成员对彼此的态度和跨文化策略以及这些关系对个人和整个社会的影响。

　　但不是所有的社会像加拿大社会那样大部分支持多元文化主义。在欧洲，皮扬特夸斯基等（Piontkowski et al.）在德国、瑞士和斯洛伐尼亚的研究发现：在德国和瑞士，主流群体倾向于整合策略，同化策略紧跟其后，但是瑞士人认为对前南斯拉夫的移民应采取分离和排斥策略。而在斯洛伐尼亚的民众对于那里的匈牙利人的态度不一，整合、同化、边缘化各占约1/3。这些策略和少数裔种族群体的选择并不一致，在德国的土耳其人更偏向分离，而移居瑞士的前南斯拉夫人更想整合到东道国社会之中，斯洛伐尼亚的匈牙利人也想融入当地社会。①

　　在法国展开了文化同化主义（assimilationism）的论争，法国的同化政策与社会大众的态度是否一致呢？于是麦宗纳韦和戴斯特（Maisonneuve & Teste）运用情景调查法考察了法国本土社会对采纳不同文化适应策略的移民的看法。② 调查结果显示，法国本土社会人群都倾向于通过移民接受被同化的程度来给予其正面评价，而不喜欢那些过多保留自己原有文化的移民者。但在某些情景中，选择融合策略的比

---

① U. Piontkowski et al. "Predicting Acculturation Attitudes of Dominate and Non-dominate Groups", *International Journal of Intercultural Relations* 24 (2000), pp. 1–21.

② C. Maisonneuve & B. Teste, "Acculturation Preferences of a Host Community", *International Journal of Intercultural Relations* 31 (2007): 669–688.

率和选择同化策略的一样高。也就是说，法国本土人群接受同化策略或部分整合策略的移民。文章指出，法国目前所倡导的移民同化政策无法鼓励法国社会对文化多元性的表达和尊重。

多元文化主义以关注人类尊严与福祉为动力，它可以在人口统计、意识形态和政治层面三个方面来界定。首先在人口统计上应由各具特色的种族文化群体构成；在普遍的民族气质中，各族群相互尊重、宽容，允许他们保持自己规范性的传统文化。当然，文化多元化并不等于意识形态的多元主义，不同种族和宗教信仰的族群并不一定能和谐相处。政治上的多元化则要考虑到政府的法规及其执行如何提供各族群公平的资源接近权，尽量减少种族歧视，扫除人们全面地参与社会经济活动的障碍。

然而，多元文化主义的社会环境对个体文化适应策略的影响并不是必然的，东道国的文化适应政策与移民个人的文化适应倾向并不总是一致的。① 而且其实承认少数族群的权利的多元文化主义的政策并不一定总带来社会的安定和文化的整合，它同时有着各种显而易见的危险。少数族群权利的话语可能被种族分离和隔离制的辩护者们所滥用，同样也可能被那些固执、好战的民族主义者以及世界各地的原教旨主义者所利用。实际上，多元文化政策本身同时受到来自左翼

---

① R. Bourhis et al. , "Towards an Interactive Acculturation Model: A Social Psychological Approach", *International Journal of Psychology* 32 (1997): 369 – 386.

和右翼人士的批评。特别是近年来，从美国到欧洲接连不断地发生血腥恐怖袭击或大规模骚乱事件，其核心肇事者几乎都是少数族群的成员。虽然此类事件背后的原因错综复杂，但是多元文化主义的主张遭到了质疑和挑战。右派势力借反恐行动迅速抬头，曾经被民众唾弃的极端民族主义甚至种族主义在"国家利益""爱国主义"的庇护下重新登堂入室，对外来移民或强制排斥或强迫同化的论调重又回到国家政治话语之中。

　　文化差异的存在对现代社会提出了挑战，多元文化主义在回应这种挑战的同时也引发了一些问题。有批评人士认为，多元文化政策可能阻碍或延缓社会整合及文化融合。如果多元文化主义过度强调族群身份，不排除部分族群放弃主流社会的公民身份，从主流社会生活中分离出去走向边缘状态的可能，这些少数族群很可能被排斥于主流政治之外。多元文化主义应着眼于融合，而不是分裂。对分离主义的关注，不会促进多元文化自由，而只会适得其反。多元文化主义需要调节社会普遍原则与特殊价值之间的冲突，在避免陷入抽象的普遍主义僵局（因为它会忽略差异）的同时，又要避免共同体主义的偏离（因为它是造成共同暴力和限制共同体内部个人自由的一个因素）。① 我们需要民主的安排使其具有可操作性，这使得我们能够判别出差异问题如何在公共领域出现，如何在真正知识的基础上进

---

① 米歇尔·韦维尔卡：《多元文化主义是解决部分吗？》，载李丽红编《多元文化主义》，浙江大学出版社，2011，第15~43页。

行讨论。我们在避免多数人暴政的同时，也必须能够避免少数的恐怖暴力行为。

当批评家们认为多元文化主义在欧洲证明失败之时，支持者们则坦言他们只注意到多样化并没有推行公平参与，也没有推进社会包容性和共同的内群体身份。也就是说，它通常只是人口统计上的多样化而没有在公共政策上赋予各族群公平的资源接近权。贝利一直认为，就社会环境而言，在跨文化交往中，多元文化主义策略是最可取的而且也是可行的。多元文化主义不仅包括特定的政策，还包括态度的改变以及我们对所处社会的理解与认知方式的改变。斯波利和沃德（Sibley & Ward）认为，成功的多元文化社会的前提是种族平等，如果种族排斥不普遍，族群间就会感到温暖，当可察觉的威胁程度低，族群就会对未来更有安全感，他们会更爱国，所以需要在人口统计层面、社会政治层面和心理层面结合起来才能走向多元。①

还有学者在对新加坡移民的考察中建构出文化适应的社会指征，以深入分析文化适应的社会原因，这些社会指征包括意识形态因素和情境因素。意识形态因素包括现实的威胁（realistic threats）、符号性的威胁（symbolic threats）、相信零和竞争的程度（zero-sum beliefs）、社会支配性倾向（social dominance orientation）、丰富度（enrichment）；情境因素是其

---

① C. G. Sibley & C. Ward, "Measuring Preconditions for a Successful Intercultural Society: A Barometer Test of New Zealand", *International Journal of Intercultural Relations* 37 (2013): 700 – 713.

社会政治气候（social political climate）。它们在一定的多元文化假设下对文化适应产生影响（见图 5 – 2）。研究结果表明，政策的制定是本土公民和移民公民赞成多元文化，促进社会稳定和和谐的基石。社会包容性、对经济社会文化的安全感和信心都会影响到文化适应结果。当然，这一框架内的社会指征因素是基于新加坡社会而提出的，它们在不同的社会文化环境中不尽相同。

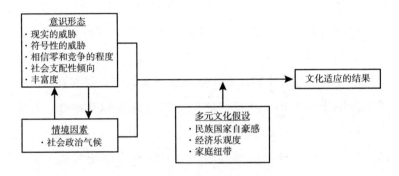

图 5 – 2 文化适应的社会指征

资料来源：Chan-Hoong Leong，"Social Markers of Acculturation：A New Research Framework on Intercultural Adaptation"，*International Journal of Intercultural Relations* 38（2014）：120 – 132.

多元社会需要创造出对每个成员而言公平而有安全感的社会政治环境，这样原文化身份和居住国的国民身份认同是相容的，它们之间的相互关系是积极正面的（如澳大利亚、加拿大和美国）。文化融合会经历三个主要的社会过程：（1）接受文化多元化的观念；（2）在社会上提倡所有群体的公平参与（包括教育、工作、医疗保健和法律）；（3）社会和制度性的变化以满足多元社会这不同群体的需求，各群体应相互接纳，准备好不断地重新评估自己的生活方式并彼此达成一致。① 融合需要两个基本的价值观：多元与公平。另外，融合的发生需要一个变化过程。其间个体探索、学习、遗忘、适应，最终确立其最喜欢的生活方式。同样，社会演变也需要一段时间，最初它偏向发展一个种族同质化国家，随后它逐渐意识到现实并非如此，继而探寻一种替代模式（包括种族隔离），最终它会寻求一种能平衡所有文化社团利益和需求的方式。加拿大正是如此，接受政治和文化方面的多元性对整个社会非常有价值，人口中的偏见和不容忍程度降低，族群间有更多相互积极的态度，人们认同加拿大社会的同时不贬损其他的文化群体。成功永远不是靠压迫外来移民和少数族群将他们永久限制在二等公民身份中来实现的。相反，应创造条件进行相互融合。加拿大、新西兰、新加坡等国家证明，多元文化主义使迁入地社会的文化和结构"核心"更有弹性，而没有像本土权威担心的那样改变了基本的价值观和社会秩序。

实际上，多元文化主义在多方较力中试图寻求一个完美的契合点，但是一个完美的道德论证和制度设计也许终将难以企及：一方面，善的政治形态需要某种群体政治和结社过程，但是个体的理性选择会张扬某些群体身份或者共通纽带（communal ties），却难以避免地囿于自我利益以及认识论局限，结果是在很大程度上酿成了排他性和敌对政治，从而损害了共同体的善。另一方面，在多元族群的政治现实中，只要国家控

① J. W. Berry, "Globalization and Acculturation", *International Journal of Intercultural Relations* 32（2008）：328 – 336.

制大量的资源，它就会持续性地面临着族群政治的威胁；然而，如果国家不掌握一定的资源和能力，一旦领导力式微，就有可能陷入某种"霍布斯状态"，放任族群对权力的竞逐不只打开潘多拉之盒，势必给政治社会秩序造成困局甚至灾难。[①]

第三节　族群文化身份的情境性和渐变性

多元文化主义者认为，社会的基本单位是族群（ethnic group）。族群的概念不同于传播学中的"群体"，它具有社会文化特征。它一般是指现代社会中有着共同的背景与认同（出身、文化或故乡等）的人口集团。它关注特定人群的族裔背景和文化特征。文化和族群构成了相互依托的关系，多元文化主义所说的文化是以族群为基础的。族群与民族（nation）最大的区别在于：它不再紧密地强调地域性因素和政治统治的因素，可以用来描述那些跨地域的、跨社会阶层的、有着不同政治态度和倾向而保持群体文化认同的人口集团。[②] 当我们在第一章里追问在当代文化适应研究中人类学家哪去了，我们会发现他们大多在进行族群性（ethnicity）研究，虽然他们越来越少地使用文化适应（acculturation）一词，但从未停止相关的族群（ethnic groups）研究，并将之置入具体的语境之中。族群文化身份问题及族群与国家的关系是另一个考察多元文化主义的动力场。

---

① 〔美〕拉塞尔·哈丁：《群体冲突的逻辑》，刘春荣、汤艳文译，上海人民出版社，2013，译者前言，第 5 页。
② 关凯：《族群政治》，中央民族大学出版社，2007，第 2 页。

一　族群认同的政治社会建构

对于族群性有着原生论（Primordialism）和工具论（Instrumentalism）两种视角。原生论认为族群性是从历史的根基上发展起来并由生物性遗传得来，是人一出生就赋予了的特定的生物特征和感性化的族群特质，但原生论在 20 世纪中期以后受到越来越多的理论挑战。而工具论认为族群性是一种社会工具，在不同社会情境下会变化，它的边界是流动的而不是静止的。那么族群性就是后天建构起来的，有时是为了社会竞争，有时则为了以族群身份获取资源，有时是因为社会、经济和政治压力以群体行动形式追逐利益或保护自己等，这样它和其他的社会利益集团并无本质差别。

人类学家贝特森（Bateson，1979）认为，一个单独的族群的想法是荒谬的，通过与其他人接触我们才能发现自己是谁。两个在文化上截然不同的群体并不能产生族群划分，他们各自的成员之间最少要发生接触，因此我们可以得出结论说，不同族群的成员之间具有某些共同之处，这是他们互动的基础。当他们在互动中体现出一定的文化差异时，族群划分就发生了，它不是"实际上摆在那里"的文化差异。① 族群划分表达了对于秩序、分类和边界的需要。文化互动的前提是首先承认差异，在不同族群或民族间彼此接触与交往的过程中，就会衍生出自我与他者。而自我与他者正是差异性的产物，即与"非

---

① 转引自〔挪〕托马斯·许兰德·埃里克森《小地方，大论题——社会文化人类学导论》，董薇译，商务印书馆，2008，第 346 页。

我族类"的群体间相互接触，才会发现"他者"的存在。"他者"可能来自其他民族或族群，也有可能来自族群内部，当然这种仔细的区分本身也是一种社会建构的产物。

族群身份是一个族群或个体界定自身文化特性的标志，它是个体与物理世界和社会进行互动的产物，它和社会语境有直接联系。族群身份主要受到该群体社会地位的影响，特别是少数裔群体，如果少数裔身份对自我概念（self-concept）构成威胁，其成员往往通过强调其正面的显著特点来抵抗这种危险。以荷兰为例，族群身份对于少数裔而言比多数裔群体更为显著，相对而言，少数裔觉得自己更忠于自己的群体。存有外在的敌意和排斥感是族群身份认同得以彰显和巩固的基本动力，因为认同意识本身就是通过对"他者"的排除和隔离而体现出来的。

族群划分是两个维度的结合——符号的以及政治社会的。"我们感"（we-feeling）是族群性最基本的部分，每个种族的意识形态都提供了一种文化归属感和安全感。"我们感"的强烈程度与种族群体会给它的成员提供什么相关。族群分界线只是根据意识形态的需要建构起来的，而且反映了社会政治经济发展的需要。比如生计方式的改变可能在短短几年改变一个人的族群认同；又比如兄弟两人均移居澳大利亚，但可能一个是希腊移民，一个是马其顿移民，因为他们在希腊内战中被卷入了对立的双方。①

---

① 〔美〕迈克尔·赫兹菲尔德：《人类学：文化和社会领域中的理论实践》，刘珩、石毅、李昌银译，华夏出版社，2009，第 158~159 页。

族群内聚力和"我们感"实际上是通过社会和政治过程被创造出来的，特别是在为稀缺资源而展开的竞争中。① 很多学者支持族群身份的"工具论"，他们认为族群身份是用来发动群体关注他们的社会经济地位等议题的重要手段之一，因为权力、威望和财富的分配不均，一个多种族（族群）社会内部存在对短缺资源的竞争关系。而且在族群基础上建立的联盟比建立在阶级基础上的联盟更有效。这些人类学家的考察印证了后现代理论家的观点：我们正是靠从所处的环境和情境中提取的资源才促成自我认同，我们的身份/认同中并没有任何固定不变的"内核"。②

另外，学者们对族群文化认同与民族国家认同之间的关系也持不同意见。第一种是原生论模式（the Primordialist Model）的观点，它认为族群归属感往往来自亲属关系、邻里村落、共同的语言或信仰等原生的文化因素和情感纽带，这些使其内部成员对某一特定族群形成了情感依恋。在族群间相互交往的过程中，族界标识逐渐展示出来。原生论模式把族群性作为族群社会的基本组织原则，认为在多元社会里族群认同应高于国家认同，国家认同不能同化或凌驾于族群认同之上，诉求国家认同必须以尊重族群认同为基础。这一模式实际上忽略了族群性的另一面，即它的工具性质。目前更多学者支持的是情境论模式（the Circumstantialist Model）。它强调族群认同的多重性和

---

① 转引自〔挪〕托马斯·许兰德·埃里克森《小地方，大论题——社会文化人类学导论》，董薇译，商务印书馆，2008，第353页。

② 〔英〕齐格蒙特·鲍曼、〔英〕蒂姆·梅：《社会学之思》，李康译，社会科学文献出版社，2010，第31页。

层次性。虽然多元社会中族群关系具有一定的流动性，但由此引起的族群互动并不必然导致同化现象的产生。一些族群处于一些经常性的互动当中，不仅没有被同化，还可以和平共存。人们在不同类型的社会互动中会转换其语言和族群认同；族群认同与国家认同并不矛盾。国家可以运用族群认同达到经济、社会、政治目的，同样，族群认同可以借助国家认同实现合作与双赢。为了适应多元社会中的经济环境，一个群体可能强调共享的国家认同作为增强协作的手段，将族群性视为不同利益和地位群体的社会、政治、文化资源。①

当然，族群认同与国家认同也可能存在不可调和的冲突。国家需要共同的民族性发挥至关重要的合法化作用。这样，国家整合的需要通常要求族群放弃一些族群特性，从而会引发民族国家内部的危机。另一方面，在一个多族群的国家中，各族群有着自己独特的权利要求，包括在法律上承认、语言及文化的保护和政治权力的分享等。这些族群权利往往要求国家实行差异政治，对少数族群实行制度、法律和政策上的优惠和倾斜。一旦这些要求不能得到满足，少数族群就会产生背弃感或歧视感，就有可能对国家权威和政府合法性提出质疑。结果只能是，族群认同得到过度强化，甚至导致族群中心主义产生，进而威胁国家认同。

二　族群文化身份的可操控性和协商性

族群身份是复杂多变的，但是在许多文化心理学研究者看来，

---

① 常士闇：《异中求和：当代西方多元文化主义政治思想研究》，人民出版社，2009，第 98 ~ 99 页。

文化适应研究的进路

学者们不能过分夸大族群文化身份的暂时性、灵活性、自愿性和易变化性，他们认为在文化适应研究中对族群性的测量是可以操作的。族群身份在文化适应过程中居显著的位置，第一代移民不太可能发生身份标签的改变，但二代移民及其后代却很可能有着双文化或更复杂的文化标签。对于其内群体成员而言，接受少数民族身份会遭遇更多的压力和冲突，它所带来的负面影响比多数裔族群成员大，而强烈的群体认同来自正面的内群体评价。

在很多心理学者那里，文化认同是一种态度和倾向研究。很多学者都是通过族群身份认同的不同倾向建构了自己的理论体系，贝利（Berry，1980）考察的是文化接触（cultural contact）的倾向，布尔里等（Bourhis et al.，1997）考察的是文化接纳（cultural adoption）的态度，哈尼克（Hutnik，1986）则考察种族身份认同（ethinic identity）的态度（文化群体的归属感），这三个概念是不一样的。哈尼克认为，个体认为自己既认同少数裔身份又认同主流群体身份时是适应的；只认同自身的主流群体身份时是同化的；认为自己只认同自身的少数裔群体身份时是分离的；而两种身份都不认同时处于边缘化状态。[①] 她认为保持本族群身份和文化适应良好的心理状况没有直接联系，但认同双文化身份的人适应能力会更强。

在实际测量的问卷中，贝利提出的两个问题是：你认为保持本族传统文化有价值吗？你认为接触并参与东道国社会有价值吗？布尔里等的问题则是：你认为接纳东道国文化有价值吗？哈尼克

---

① N. Hutnik, "Patterns of Ethnic Minority Identification and Modes of Social Adaptation", *Ethnic and Racial Studies* 9 (1986)：150 – 167.

通过自我归类（self-categorization）考察文化适应者受到少数裔群体和主流群体约束的程度以区分他们身份认同的程度。他们根据以上不同的问题区分了跨文化者的四种文化适应取向：整合、同化、分离和边缘化。贝利称自己的理论为"文化适应策略"（Acculturation Strategies），布尔里等把自己的理论称为"交互式文化适应模式"（IAM），而哈尼克的理论被称为"身份认同的策略"，在具体研究中我们需要对三者加以区别。

　　实际上，这三个概念所区分出的文化适应取向的分布情况不尽相同。斯诺瓦特和同事们（Snauwaert et al., 2003）在对比利时人的实证研究中发现，同一少数裔族群身份认同的比例小于文化接纳的比例，而文化接纳的比例又小于文化接触的比例。对于比利时人而言，接触本族文化比接纳本族文化更重要，认为接纳比利时文化又比把自己归类为比利时人重要。当使用贝利的接触概念时，80%的受试者认为自己有融合取向，而20%的受试者认为自己持分离策略；运用接纳概念时，37%的受试者认为自己有融合取向，而56%的受试者认为自己持分离策略；运用身份认同概念时，只有10%的受试者认为自己融合，而80%的受试者认为自己是分离状态。①

　　这一研究的意义在于：（1）对少数裔族群文化的强烈感情并不一定与整合倾向不相容。以文化接触概念考察的整合者中80%在族群身份上持分离倾向，也就是说，不认同主流群

---

① Snauwaert et al., "When the Integration Does Not Necessarily Imply Integration. Different Conceptualizations of Acculturation Orientations Lead to Different Classification", *Journal of Cross-cultural Psychology* 34（2003）：231 – 239.

体的身份并不意味着拒绝与东道国社会进行跨文化的接触和交往。以接纳概念考察的分离主义者也认为与东道国社会的交往很重要。（2）研究肯定了族群身份相对的稳固性，比起文化适应策略而言，身份认同更难改变，所以不能过分夸大身份的暂时性。（3）对于多元文化主义的公共话语而言，必须明确文化适应不同取向中的"整合"或"分离"这些概念，整合这一修辞对于不同群族有着不同的理解。

族群身份认同的变化比态度和倾向上的改变更深层、更缓慢。那么在文化适应研究中，我们需要在以下三个方面进行区分族群/文化/社会身份：（1）"主观的"和"客观的"，是自我认可的（self-recognized）还是他者归因的（alter-ascribed）。只有自我认可的内群体贬损才导致内在的负面的族群身份认同，即使是主观的感知到的内群体贬损并不一定威胁到整体的身份自卑。（2）社会的和族群文化上的身份。族群文化身份和社会身份不同，社会身份是其社会地位，那些想改变自己社会身份的族群很可能并不想改变自己的族群文化身份。（3）不同族群对内群体和外群体的认同程度并不一致。他们的内群体认同的自我分类、认同的强度和自豪感，以及对外群体认同的性质和程度都会有差别。①

心理学者的族群身份研究基本上在情感、认知、行为层面状况，而且主要关注文化适应者个人的态度与倾向。而传播学

---

① K. Liebkind, "Acculturation", in R. Brown & S. Gaertner, eds., *Blackwell Handbook of Social Psychology*: *Intergroup Processes* (Oxford: Blackwell, 2001), pp. 386 – 406.

者则主要关注个人如何在社会传播中如何通过协商来实现自我身份认同。他们认为跨文化交流者的身份是双方互动的产物。在丁允珠（Stella Ting-Toomey）建构的身份协商理论（Identity Negotiation Theory）中，身份被界定为"个体在某种文化或特定互动情形中通过传播建构起来的反思性的自我形象。协商是互动的过程，其间跨文化个体试图断定、界定、调整、挑战或支持自己和别人理想的自我形象"。① 在她那里，身份认同是人际互动和社会化的产物。

另一位学者赫克特（Michael L. Hetcht）对身份认同有着更为全面的阐述，他认为传播与身份认同密不可分，传播乃身份之实现。一方面，传播在社会互动中通过符号来表征意义，并把这些意义与自我联系在一起，把自我外化；同时人们得到社会承认，通过社会互动确认这些认可，身份认同由此产生并得到塑造，这样认同在社会传播中既得到了内化又得到了外化。于是，身份认同在传播中形成、维系、调整和转变。他和沃伦（Jennifer R. Warren）等人一起提出了身份传播理论（Communication Theory of Identity）。② 他们把身份认同分为四个层面：个人的、表现化的（enacted）、关系的、社群的（communal）。

---

① S. Ting-Toomey, *Communication across Cultures* (Shanghai: Shanghai Foreign Language Education Press, 2007), pp. 39 – 40.

② M. L. Hecht et al. "The Communication Theory of Identity: Development, Theoretical Perspective and Future Directions", in W. B. Gudykunst, ed., *Theorizing about Intercultural Communication* (Thousand Oaks: Sage Publications, Inc., 2005), pp. 257 – 278.

文化适应研究的进路

个人是认同的载体，个人层面的认同包括自我概念、自我形象、自我认知、自我情感和自我存在感等个人特征。表现化层面的认同是指在交际中通过信息的交换而付诸行动的、表现出来的自我。关系层面的认同是指人们在交际中相互协商、相互塑造而形成的产物，它是开放的、没有止境的过程。个人以社会互动的方式建构认同，通过与他人的关系建立自我认同，人际和社会关系本身就是认同的单元。最后，社群层面的认同是指群体成员的集体认同，它在成员们的共有特性、集体记忆和共同历史文化之上建立起来。

个人对自我的界定形成认同的原初形态，它由传播来表达与实现，并在与他人建立的关系以及社会范畴中得到塑造，最后影响到交际者的行为。这四个层面的认同相互联系、相互渗透，在各种特定的场合中形成复杂的互动关系。认同既有先验的内容，也有社会化的建构；既有主观的判断、个人的选择，也有社会规约和集体意愿；它不仅通过传播行为来表达，也由社会符号来沟通。

赫克特等认为，身份传播研究可以在个人的、关系的和社群的层面以及内容分析层面展开。在内容分析上，认同是话语的，是意义赋予的过程，是交谈中传达出来的文化代码。那么文化适应研究可以在话语研究层面得到更加丰富、细腻的呈现。他们提出了这一分析框架，但并没有作更细致的研究和思考。

文化适应者有着多种文化身份认同，他们在跨文化传播中是如何跨越文化边界建构自己的认同与身份呢？丁允珠认为跨越文化边界存在以下五个方面的辩证关系：身份的安全性和身份的脆弱性；身份的包容性和身份的差异化；身份的可预测性和不可预测性；身份的联系和身份的自治；身份的一致性和身份的变化。① 在这些关系中身份的协商能力成为核心问题，而跨文化身份的协商能力主要由知识、留意和协商技巧所构成，令人满意的身份协商包括理解、尊重和对其价值的认可。虽然丁允珠提出了一些假设，但是她对于文化身份认同如何协商和变化并没有展开具体的、细致的考察。

在实际的文化适应研究中，传播学者和心理学者一样主要采用了量化分析的方法考察社会文化语境对文化适应产生的影响，以验证他们所提出的各种假设。反观人类学者的文化适应研究，他们在田野调查和民族志访谈中，通过细致的参与性观察、采访、互动，在日常交往中考察到了适应过程中的冲突、协商和变化。他们用深描的手法更细腻地呈现了文化以及社会语境下的文化适应现象。文化适应现象成为人类学者考察文化动力学和变迁的有趣的领域。

人类学家普遍认为族群身份认同是渐变的、情境化的，文化适应者通常生活在两个世界之中，在不同语境移动调整，也会在不同的文化编码间进行转换，他们中的一部分人形成了中间性文化。在讨论东南亚华侨华人的文化适应现象时，戈斯林（Peter Gosling）认为华侨华人原来拥有基于华南地区地方方言群的认同意识，这些认同本身具有多样性，侨居海外后，这些认同逐渐转化为民族、政治、经济紧密结合的共通的中国人认

---

① S. Ting-Toomey, *Communication across Cultures* (Shanghai: Shanghai Foreign Language Education Press, 2007), pp. 40 – 45.

同，而且这些认同根据性别、年龄、职业、居所等又细分出多种认同，其中一部分人有着"中间性认同"（intermediate identity）。他指出华侨华人的族群身份认同是多样化的、情境化的。①

个体和群体的角色和身份随情境的变化而不断转换，在自我调整和适应的过程中，族群认同意识往往会发生选择性的改变。祁进玉在基于土族社区的人类学对比研究中发现，现实中的散居土族社区与聚居土族社区的族群认同有着明显差异，因为其分布格局的地区性差异明显，而且文化多样性的程度不一。越来越频繁的人口流动和迁徙，使得土族底层民众的族群认同相对淡漠，家族和血缘意识较强，地域认同意识浓厚，而国家和国民身份认同淡漠。然而族群精英们的影响不可小视，他们的"文化自觉"会进一步引导和唤醒民众的族群认同和民族意识。②

一些人类学者看到文化的边界已经模糊，越来越多的族群很难定性为"自立的文化体系"。在对广东归侨农场的田野考察中，奈仓京子发现：她所研究的归侨群体随着生活环境和习俗的变化，他们的文化越来越混杂，甚至连"归侨"身份都很不稳定。归侨的文化适应是不固定的，而是动态的，他们的迁移是多向的和变动的，选择性和可塑性成为他们文化适应的

---

① Peter L. A. Gosling & Y. C. Lim, eds., *The Chinese in Southeast Asia Volume 2 Identity, Culture & Politics* (Singapore: Maruzen Asia, 1983).

② 祁进玉：《群族身份与多元认同》，社会科学文献出版社，2008。

特点，这一群体不存在一个固定的形态，而是不断产生着变化。所以很难得出诸如"落叶归根"／"落地生根"，"本土社会"／"移民社会"等二元论的结论。①

在这里，我们看到文化认同研究两条不同的路径：可操控的静态的量化分析方式以及情境化的动态的民族志考察。它们都在呈现文化适应过程中个体文化认同上的变化。虽然看起来跨文化传播学研究和人类学似乎渐行渐远，但人类学者对文化适应现象细致、深入的研究方法同样值得借鉴。他们在文化适应研究中还关注到少数族群和多数族群间权力的不平等和不对称关系。在对土著居民的研究中，他们看到主流社会一般使用三种基本策略来对待少数族群：种族隔离、同化、整合。多数族群与少数族群的关系在大多数情况下都展示了一种对种族隔离、同化和整合的综合作用。他们之间的关系很难回避一种对权力和权力差异的分析。于是少数族群可定义为作为一种种族群体而存在，但在政治上没有统治权的群体。多数族群不仅拥有政治权力而且通常控制了重要的经济部分，更重要的是，它通常决定了社会中的话语方式，界定了与生活、职业相关的文化框架。

以族群为基础的社会分工可以与种族隔离相容，也可以与整合相容，但是在较大型的社会中，只有同化和某些融合才会与完全的政治参与相容的。有选择的种族隔离可能会形成一种民族主义运动的基本原理，或者它可能是统治精英用来保持族

---

① 〔日〕奈仓京子：《"故乡"与"他乡"——广东归侨的多元社区、文化适应》，社会科学文献出版社，2010。

群内部有价值的资源的一种选择方案，但是多数被隔离的少数裔种族群体都是"次等公民"，不论他们是土著还是新近的移居者。于是，不断增强的族群团结的趋势是对社会分层文化的一种刺激反应，由于社会分工对劳动力群体作出了社会分层，当个体的社会经济处境和前景可能由他的族群归属来决定时，族群身份就具有了社会政治含义，并刺激族群团结行为的出现。那么，文化适应也是少数族群授权的过程，是他们对支配性的多数裔的话语体系修正的过程。

第四节　文化适应研究全球化思维的悖论

随着全球化的不断深入，世界文化之间的联系日益密切，一个新的社会文化语境应运而生。"全球化"（globalization）包括两个层面，一个是物质层面的，一个是精神层面的，前者主要指世界时空的压缩、运输、传播技术等因素的变化使时空建构出现麦克卢汉所谓的"地球村"；后者则是全球意识的加强。[①] 在全球化的进程中，物质和精神产品的流动冲破区域和国界的束缚，影响到地球上大部分角落。全球化不仅仅是现代传媒革命对地理空间的超越所带来的"地球村"和"时空压缩"，更是世界范围内社会关系的强化，它使众多相距遥远的地方性社会联系在一起。[②] 在全球化进程中，文化的变化

①　单波：《跨文化传播的问题与可能性》，武汉大学出版社，2010，第 71～72 页。
②　杨雪冬：《全球化：西方理论前沿》，社会科学文献出版社，2002，第 4 页。

最终趋同形成一种全球文化，还是会呈现更复杂、更多维的图景？

一　质疑一种全球文化

全球化首先表现为经济的一体化，经济生活的全球化不仅极大地改变了人类的生产方式和交换方式，同时也改变了人类的思维方式和行为方式，从而对民族文化造成了深刻的冲击。全球化的根本动力来自西方资本主义现代性的扩散机制，把地方性的社会关系转变为全球性的社会关系，让世界内在地全球化了。它以其时空的抽象化和标准化为先声，以交换媒介的抽象化以及知识的反思性为后继，在地方性和全球性两股力量的推动下不断扩展，同时在全球文化意识的助推下逐渐深化。①在今天全球化有时被描述为"全球文化熔炉""文化混杂化"或"文化杂交"的历史进程，抑或"西方化"或"美国化"的历史进程。其实"全球化"并不意味着我们所有人都变得一样，而是说我们以和以前不同的方式在生活。

的确，在全球化的裹挟中，世界上的文化多样性已经从根本上变得狭窄了。地图上的白点不见了，而可能没有什么个体或群体会与现代的世界没有接触过，只是深浅的程度不同而已。虽然现代社会以表征的方式各不相同，但现代性在每个地方都具有某些共同的维度。这些共同点，或曰平行线，既可以在制度的层面也可以在文化表象中被观察到。他者的形象可能

———————

①　戴晓东：《跨文化交际理论》，上海外语教育出版社，2011，第330页。

变得越发模糊，上海或多或少像是另一个纽约，现代化的大都市变得都有几分相似。

于是许多中外学者无不显露出对文化同质化或"西方化"的担忧和批判。他们认为，全球化是资本主义现代化催生的经济、文化和社会演化的结果，当今世界范围内发生的大规模的迁移和人口流动意味着资本主义现代化对经济、生态和文化的三重征服和转化，它会毫不留情地扼杀民族社群中的文化差异。赫伯特·席勒（Herbert Schiller）在 1976 年的《传播与文化支配》一书中首次提出了"文化帝国主义"这一概念。他认为全球化进程并没有为全球人类带来更民主、更多元的文化，相反，国际文化生产与流通的不平等结构形成、扩大和加强了一种新形态的西方跨国支配。①在第三世界，文化帝国主义则被视为西方文化对本土文化的侵略和渗透。汤林森（Tomlinson）也断言，全球化进程将削弱所有民族国家的文化向心力，文化的全球化是我们的文化宿命。②

在一些学者那里，文化全球化被视为美国化、西方化或全球资本主义单一文化扩散的核心所在。但是，不同文化相互适应的终极景象是一种以"西方"为主导的全球文化吗？如果我们从形而上的理论层面下到现实的文化观察，我们会看到另一幅更丰富的、多样化的图景。必须看到，虽然目前就国际移民的数量而言，欧洲最多，达到 6400 万。按占总人

---

① H. I. Schiller, *Communication and Cultural Domination*（New York：M. E. Sharpe, Inc. , 1976）.

② 〔英〕约翰·汤林森：《文化帝国主义》，冯建三译，上海人民出版社，1999。

口的比例看：大洋洲（15%），北美洲（13%）位居前列。但是实际上国际移民的流向是多样化的。就国际人口流动而言，从南方向北方的移民只占全球移民总量的40%，也就是说，国际移民的大多数是在南方国家之间进行的，只不过不大为世人所知，媒体相关报道甚少而已。①虽然大部分分析关注发达的东道国（西欧、美国、加拿大、澳大利亚和日本），但是超过60%的移民并未离开南方，而且3/4的难民在邻近的第三世界国家定居。

同时在西方移民大国内部，文化的多样性正悄然发生着。以美国为例，一直以来美国在文化上为欧洲裔美国人所主导，但根据2006年的人口统计数据，虽然在2.98亿人口中仍有65%有欧洲血统，就族群而言，拉美裔族群已高居榜首，占到总人口的17%，他们的母语为西班牙语，承袭的是拉美文化。也就是说，美国正在西班牙语化，拉美文化正在改变以盎格鲁西方文化为主导的美国文化。西欧的语言本来就是多元的，随着流动个人、难民和移民的流入，欧洲在宗教上也不再是基督教一统天下的局面了，穆斯林已占到西欧人口的10%左右，随着伊斯兰文化的输入，欧洲的文化风貌也在改变。种族群体并不仅仅是文化适应中的被动角色，他们使接收国的文化产生了巨大改变，大量的移居者使西方文化更加多元，在一定程度上已经"去西方化"了。

---

① 〔法〕玛丽－弗朗索瓦·杜兰等（Marie-Francoise Durand et al.）：《全球化地图》，许铁兵译，社会科学文献出版社，2011，第28页。

文化适应研究的进路

文化同质化并不是全球化的必然结果。其一，社会和个体会抗拒那些破坏、否认和贬损自己的文化遗产和文化身份的尝试。其二，全球化的过程会使现存社会分裂为有特定文化的民族国家而不是统一的文化实体（比如苏联和南斯拉夫的解体）。其三，大量的心理研究表明，当跨文化交往是负面的并带有歧视时会促成反作用力，反而增强了对本民族的身份认同。我们可以枚举出诸多抗拒文化同质化的例子，如殖民时期的新生运动（revitalisation movements），现当代的拉斯特法里运动（Rastafari movement）、犹太复国主义运动（Zionist movement）等，他们抗拒支配他们的社会的特征，重新肯定传统的生活方式，重新获得种族群体的文化遗产。

全球化作为一种更频繁的文化接触，它可能只是文化适应的一个起点。全球化可能导致以下四种后果：世界文化的同质化；不同文化间相互的改变；文化的隔离或去除其曾经所受的支配性文化的影响（即新生运动）；非主流文化被毁灭，其成员丧失了文化纽带（即边缘化）。① 在四种不同的跨文化策略中，任何同化、隔离和边缘化的企图都会造成不良的心理和社会层面的适应，而融合才会产生积极的正面的效果。

当然占主导地位的国家在全球化的过程中扮演着重要的角色。比如苏联，解体后的前苏联国家在语言、经济和宗教上很大程度上受到俄罗斯的支配，特别是爱沙尼亚、拉脱维

---

① J. W. Berry, "Globalization and Acculturation", *International Journal of Intercultural Relations* 32 (2008): 328－336.

亚和立陶宛。以爱沙尼亚为例，在苏联时期，尽管讲俄语的外来人口从 5% 上升至 30%，其文化观念和价值观仍完整地保留下来。在独立后的 15 年来，这种文化延续为其在文化、政治、经济上的复苏打下了基础。① 还有大量的研究证明，土著民族在历经几代殖民统治后在文化和心理上仍延续着传统。

再以美国对加拿大的影响为例。其一，人们通常认为由于两国接壤而且美国大量持有和控制了加拿大的文化、经济部门（90% 的电影和 80% 的重要工业部门），加拿大人的生活观念会不可逃避地美国化。其二，由于这两个社会基于不同的创建神话：加拿大人寻求的是"和平、秩序和好的政府"而美国人是"生命、自由和追求幸福"。那么美国的价值观在加拿大占了统治地位吗？阿丹姆斯（Michael Adams）的研究表明，在 1992 年到 2002 年间，实际上美国和加拿大之间的差异越来越大了，加拿大的价值观并没有像它崇尚的"秩序观"那样保守而美国的价值观却与其自由观相反，变得更为严谨和保守。② 后续的研究（1992～2012）追踪考察了 60 个价值观维度的 109 个考察项，结果表明，加拿大人和美国人的价值观更加趋异。加拿大人在弹性家庭观、环保意识、文化同化观念上有所增强，而美国人在民族自豪感、对暴力的恐惧、职

---

① J. W. Berry, "How Shall We All Live Together?", in Luik, ed., *Multicultural Estonia* (Tallinn: Estonian Integration Foundation, 2003), pp. 3 – 11.

② M. Adams, *Fire and Ice: The United States, Canada and the myth of converging values* (Toronto: Penguin Canada, 2003).

业道德、精神追求、礼仪得体、宗教虔诚、父权制等方面得到加强。加拿大人变得更进步、更富有。① 文化适应是一个相互作用的创造性的过程，它会产生新的习俗和价值观，也会触发抵制运动，但它绝不是简单地让位于支配性文化并同质化。文化支配与一般经济支配不同，文化抵抗事实上是和文化霸权同步进行的。

在罗伯逊（Roland Robertson）所建构的全球场（Global Field）理论中，全球化是一个相对自主的、多维度的、复杂的、充满不确定的社会进程。全球场由自我（个体）、民族社会、社会组成的世界体系、人类四种元素构成（见图 5-3）。罗伯逊的全球化模式呈现出这四种元素相互联系制约，又相对独立自主发展，一起推进全球社会的过程。在这一体系中，个体的自我和民族社会、世界体系和人类互动形成了自我认同的相对化和社会参照系的相对化，并与民族社会构成论争关系；世界体系与民族社会、自我和人类之间的互动形成了社会的相对化，导致了现实政治与人性之间的论争；人类与其他三个要素之间的互动形成了公民身份的相对化。②

罗伯逊认为全球化既指世界的压缩，也指全球意识的强化，全球相互依赖的意识增强。社会的相对化是国家之间更多互动意识的增强，而底端自我认同的相对化是自我与他者互动

---

① M. Adams, "Fire and Ice Revisted: American and Canadian Social Values in the Age of Obama and Harper". www. environicsinstitute. org/reserch – digest.

② R. Robertson, *Globalization*: *Social Theory and Global Culture* (Thousand Oaks: Sage Publication, 1992), pp. 8 – 60.

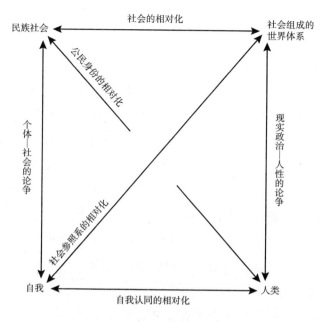

图 5 – 3 罗伯逊的全球场模型

资料来源：R. Robertson, *Globalization*：*Social Theory and Global Culture*（Thousand Oaks：Sage Publication, 1992），p. 26.

意识的增强。全球场论视普遍主义的特殊化以及特殊主义的普遍化为推进全球化的两股根本的文化力量。普遍主义的特殊化是指普遍性的东西在全球范围内的地方情境中的具体化。而特殊主义的普遍化则是指对特殊的身份等的追求在全球具有普遍性，两者相互渗透所形成的张力推动着全球化的发展。特殊性是全球化的一个方面而不是对立面，地方和地方化（比如族群性、民族主义、本土运动等）都是全球化的产物。那么在全球化背景下，个体和族群的认同就会是动态的形成、分裂和重构的过程。

二 文化适应的全球本土化研究

全球化意味着，全球范围的人员、商品、思想和图像的流动得到加强，文化流动在时间和空间上的限制已经被大大地削减了。现代通信技术从两个方面使某些特定的文化现象脱离了空间的限制。首先，很多现象既在全球（每个地方）存在，同时又存在于本土（某个特定的地方），从可口可乐罐到热门CD、流行电影、环境危机等政治、社会难题。其次，喷气式飞机使越来越多的人快速而舒适地周游世界，而电话、传真设备、互联网和电脑处理的视频系统使人们在任何时间与任何地方的人的沟通成为可能，空间已不再成为"不同文化"间的缓冲器。

全球化使世界既变得更大又变得更小。现在，不到24小时就能周游世界，而且实际上在世界的任何地方都可能拥有同样的生活方式（共同的"商务文化"、共享的"休闲文化"），从这个意义上说，世界变小了。另一方面，我们对于遥远的"异邦"有了更多的了解，并因此更加容易辨认出我们相互的差异，从这个意义上说，世界变大了。那么，今天的世界发生了什么变化，全球化的趋势到底是什么？更多的人看到的是一种旨在整合到更大系统中去的趋势——世界上越来越多的人都参与到一种完全无界限的交换体系中去。同时，不可忽视的另一种趋势是关于文化独特性的本土化强调。阿帕杜莱认为（Appadurai），本土化主要指"在一个特定的历史时刻通过集体想象和话语构建的方式社会化的结果。本土化是社会价值的一个维度，这个价值在物质层面的实现对社会再生产有着潜能"①。

全球化去地域化的威胁激发了地缘意识和群族意识，使其得到了前所未有的复苏和强化。当人们变得越来越相似，他们就越来越想保持自己的独特性。全球化使人们淡化了对民族国家的认同，但同时民族认同、族群认同、文化身份认同、宗教认同意识都越来越强烈，欧盟、东盟、北美区和拉丁美洲等区域的地区化合作得到加强。萨林斯认为，需要从民族志的角度评论现代主义、文化及其全球维度的反思性概念，萨林斯（Sahlins，1994）写道：

> "文化"——这个词语本身，或某些本土的同义词——正挂在每个人的嘴边。西藏人和夏威夷人、欧及布威族印第安人、夸扣特尔人和爱斯基摩人、澳洲土著、巴厘人、克什米尔人和毛利人：现在都发现了他们有一种"文化"，而许多世纪以来，他们几乎都没有注意到这种文化。②

对于全球化这股洪流中的各股力量，考察全球化背景下文化适应过程中的本土化策略非常重要。根据不同的视角，每种社会和文化现象都可以用许多不同的方式去解释。在全球化系统内部的互动所涉及的地方，这种模糊性是典型的。它提醒我

---

① A. Appadurai, *Modernity at Large: Cultural Dimensions of Globalization* (Minneapolis, MN: University of Minnesota Press, 1996), p. 179.

② 〔挪〕托马斯·许兰德·埃里克森：《小地方，大论题——社会文化人类学导论》，董薇译，商务印书馆，2008，第405~406页。

们：人们不可能仅仅因为相互间有了越来越多的接触就会变成"同样的"。人们的生活既不是完全全球化的，也不是完全本土化的——他们是全球本土化的。

于是传统上的文化界限遭到当代人类学者的挑战和颠覆，他们并不认为存在一些具体的、可辨识的、独特的文化和清晰的文化边界，他们更细致地考察到全球化背景下的文化适应现象。人类学家奥尔威（Olwig）在加勒比地区的内维斯（Nevisian）进行了关于移民的一些重要的研究。[1] 她的研究表明，内维斯在历史上从来没有在政治、文化、经济上自给自足过。现在居民的祖先来到这里时是奴隶和种植园主，而岛上的非洲–加勒比文化和社会组织在当地因素和全球化进程之间的边缘地带得到了发展。作为世界资本主义体系的一部分，内维斯依靠的是外部的力量。"二战"后该地区移民出境率很高，内维斯人中几乎都有生活在伦敦、纽约或东京这些大城市的亲戚。通过研究在英国的内维斯移民，奥尔威（Olwig）揭示了内维斯人明确的身份编码化过程，这种身份通过与异邦文化的密切接触，作为对本土英国人的身份反作用力而存在。伦敦诺丁山（Notting Hill）一年一度的加勒比狂欢节是对加勒比文化身份的一种建构。移居不是切断与他们出生的岛屿的关系，而是加强了内维斯人的本土身份。他们对家乡充满同情和乡愁，移民和他们的子女即使生活在大西洋的另一边，一直都在促进

---

① 〔挪〕托马斯·许兰德·埃里克森：《小地方，大论题——社会文化人类学导论》，董薇译，商务印书馆，2008，第399～400页。

着家乡的文化经济事业的发展。在全球化时代，移居为远距离的民族主义铺平了道路。正如吉登斯（Giddens）所言，在后传统社会，传统并没有消失，而是被人们有意识地选择来抵抗它的替代品。

在当今的文化适应研究中，只有结合本土和非本土的知识和文化背景，才能在全部语境中理解一些文化适应现象。弗里德曼（Jonathan Friedman）在对巴黎一种特殊的劳工移民——来自布拉柴维尔（刚果的首都）的"工兵"群体进行了考察，这些人在刚果大多身份低微，属于没有权势的族群。他们在巴黎努力工作尽可能地节俭，为的是以后能购买昂贵时髦的衣服在布拉柴维尔的大街上公开展示。弗里德曼将他们的炫耀性消费解释为一种本土政治策略，是一种通过过度展示自己的优越和成功挑战权势的方式。用昂贵时髦的衣服（世界声望评价体系）来反抗本土的等级和声望评价体系。①

在全球化背景下，一些濒临消亡的族群文化重新被激活。索伯格（Sjoberg，1993）对日本的一个少数民族阿伊努人（Ainu）进行了文化变迁的研究。阿伊努人作为少数族群，在日本本土没有地位，被归类为"欠发达群体"。他们遭受社会的歧视，失去了传统上对土地拥有的权利。直到 19 世纪 70 年代，他们的语言几乎绝种，族群文化身份好像即将彻底消失。阿伊努人似乎即将作为日本的一个下层阶级而不复存在。然而在全球化浪潮中的种族复兴运动给他们带来了"商机"和"生机"，日本政府开始承认

---

① 〔美〕乔纳森·弗里德曼：《文化认同与全球性过程》，郭建如译，商务印书馆，2003，第 157～161 页。

阿伊努人的族群地位，并将阿伊努人的文化表现为一种商品，他们古老的仪式、传统的服饰、手工艺和特色饮食都以一种商业化和旅游化的方式被复兴和展现。① 可以说，阿伊努人的文化语言是被翻译成一种商品交换的全球化语言后才得以幸存。

"本土"在全球化背景中是一个流动而有联系的空间。它可以是一个社区、一个村落、一个小镇，甚至是一座城市。但同时"本土"又是亚全球（sub-global）形式的社会组织，它形成了各种关系，并且将这些关系和全球联系起来。就跨国移民而言，虽然他们移居国外却与其来源国及其散居的移民社区有着无法割裂的联系。随着移民的交流活动已经扩展到全球范围，新的移民团体在跨国实践中"身处两个世界"，他们已经开始"设想"自己属于一个社区，这个社区并不是"非此即彼"，而是祖国与他国的"交集"。跨国移民对他们的"家乡"有着双重归属感，这种全新的本土感受超越了之前来源地与居住地的两极观点。

小　结

本章论述了社会文化层面文化适应研究的多元视角。大部分跨文化传播研究者把文化看成是一个由文化元素、集合与模式构成的层级系统。他们把文化表征细分为不同的研究维度，把文化差异视为先验的现象，对文化适应中的社会文化因素进

---

① 〔美〕乔纳森·弗里德曼：《文化认同与全球性过程》，郭建如译，商务印书馆，2003，第 164 ~ 167 页。

行了量化的分析和比较，以此来预测跨文化交流者的行为。在他们那里，传播有规律可循，文化可拆分为被分析的变量，可以通过短期的学习、培训来习得。实证主义者认为，在特定文化中一个人"能做"和"不能做"的行为清单对跨文化关系会有帮助，他们的研究有助于文化适应者培养跨文化敏感性，帮助他们跨越文化的障碍进行交流，但是这些研究的阐释力在很多情况下具有不确定性，其理论实质是行为主义的学习理论。出于实证主义的技巧最多只能使人学习如何与一个新文化变得相似，它适合文化信息的学习但与一个人如何适应不同文化没有必然联系，因为对观点的了解不能等同于拥有转换观点的能力。讲授一个不同的文化观念并不一定能使人们产生运用那个观念与目标文化中的人进行交流的能力。

　　反观人类学者的文化适应研究，他们通过田野调查和民族志访谈，通过细致的参与性观察、采访、互动和日常交往来考察文化适应现象。在他们那里，文化适应是族群文化身份在特定情境下不断协商、构建的过程。他们用自己的整体观给我们呈现了一幅更细腻的文化适应的图景。人类学者的文化适应研究有着自己的道德关怀，他们惯于做边缘化的社会考察并利用这种边缘性向权力中心发出诘问。在他们看来，跨文化传播学的兴起是冷战所带来的"国家文化"研究的结果，并与当代政治权威产生共鸣。社会学家汉内兹（Ulf Hannerz）甚至把跨文化传播学诙谐地称为"预防文化休克的产业"（culture shock prevention industry）。为此，跨文化传播研究者编写内容丰富的文化手册，为从事跨国贸易、市场开发以及教育工作的客户提供培训、提出建议，因为他们需要拓展跨国政治经济霸权。

文化适应研究的进路

这种以实用性为导向的研究意味着，我们了解另一种文化的目的是与该文化群体做贸易或在政治和意识形态上更好地施以控制。尽管跨文化传播学者制定的文化手册可以为文化适应者提供一些有用的信息，但一旦跨国集团代表的是新的权力精英，这些书和研究无疑就成为他们新的控制手段的标志。①

---

① 〔美〕迈克尔·赫兹菲尔德：《人类学：文化和社会领域中的理论实践》，刘珩、石毅、李昌银译，华夏出版社，2009，第 167页。

第六章

文化适应研究面临的挑战及展望

在当今全球化的语境中，信息技术的迅猛发展和快速的城市化进程，远距离的文化接触和渗透使得文化的边界变得模糊，文化变得越来越混杂。一直以来，跨文化传播领域的文化适应研究一般在有些清晰的社会文化系统间或曰"自立的文化系统"中展开。但在许多情形中，清晰地描绘某个文化系统在全球化时代是不太可能的事。这给文化适应研究带来了前所未有的困难和挑战。

第一节　文化适应研究面临的挑战

在全球化的裹挟中，世界经济体系中的经济生存方式渐渐趋同，非西方国家在不同程度上都面临着向"现代性"文化转型的压力。现代社会具有一定的同质性，民主化的科层制度、城市化、社会领域中流动性的提高、文化的世俗化和理性化、个人生活中的个人主义取向等都成为"现代社会"的标志。与一个国家内部的贫富阶层之间的差异相比,由于西方化的知识教育和职业技能训练,不同国家的白领阶层在价值观、生活方式和利益上有着更多的一致性,这种一致性使他们之间产生某种形式的认同。在全球化的格局中,"国家文化"显得不如以前那么重要了。如果还以国家作为单位来划分、考察文化适应对象显然太过教条。因为全球化正无情地冲击着许多民族国家的边界,世界已经从"地域性空间"向"流动性空间"转化。跨国社群以及在此基础上形成的跨国意识已经显现,其未来的发展可能突破国家的政治控制,形成相对独立的"超越民族国家的空间"。

其次,文化变得越来越混杂,文化的边界已变得模糊。许多个体和群体的文化适应背景不仅仅牵涉到"我们"和"他们"这两种不同文化,而是同时涉及多种混杂的文化背景。不同文化早已不再隔岸相望,他们或变得亦东亦西,或变得非东非西,认知图片也碎片化了。在当今这个全球化时代,文化濡化(enculturation)和文化适应(acculturation)在很多情形中已难以区分,文化的变迁是由于对自身文化的传承和延续中发生的变化,还是由于与他文化的接触而产生的变化?在文化适应实证研究中又如何能进行二元概念的分析呢?现在越来越多的个体有着多种混合的文化认同,在这些文化混杂的情形中如何确定测量项来区分主流文化、族群文化以及国家文化?既然你中有我,我中有你,那么文化适应研究在认识论和方法论上都面临着崭新而复杂的挑战。

另外,文化适应研究的要件之一"文化接触"的概念受到新的考验。在雷德菲尔德等人类学家的经典定义中，它指"持续发生的、直接的文化接触"，强调的是直接的、第一手的体验，而不是间接的、二手的经验，但对于这种接触持续多长才算一直没有界定，所以短到观光客长到永久定居者都是文化适应研究考察的对象。今天，全球连接性可以深入人们的日常经验和地方居住个人的"接触世界"。在当代社会中，文化接触的方式比起传统方式而言更加丰富、多元，或比邻而居或在互联网上交流或接触大众媒体。远程媒体化从地方性中提炼出文化经验，用流动性的特殊形式表达出来，使受众体验了某种形式上的"虚拟旅行"，它们与实际旅行一样在个人的日常经验中占据了一定位置，并日益融为一体。① 在新近的研究中，出现了"远程文化适应"（remote acculturation）的概念，它指的是族群在非直接接触他文化后，文化和心理层面所发生的变化。这种现象在贝利看来是另外一种文化现象——文化扩散（cultural diffusion），它在非人际接触层面发生。② 但是不可否认，这些"虚拟的文化体验"在严格意义上讲，目前还不能纳入文化适应研究的范畴，但它们的影响显然不容忽视。

对跨文化交流者而言，文化适应是和他者进行接触的过程，一个逐步的、动态的知识积累过程，也是共享的常识的构建过程。文化适应贯穿人的一生，它是对变化了的政治、经济

① 约翰·汤姆林森：《全球化与文化分析》，载〔英〕戴维·赫尔德、安东尼·麦克格鲁主编《全球化理论——研究路径与理论论争》，王生才译，社会科学文献出版社，2009，第179页。
② 详见本书附录：访文化适应研究领军人物约翰·贝利教授。

和社会环境作出反应的一个过程。文化适应过程中发生的变化既是静态的变化的结果，也是动态的、历时的变化过程，在研究中对两者的考察都十分重要。量化研究揭示的是静态的横截面的特征，而质性研究（如民族志方法）更能揭示其动态性和细致的变化。文化适应是一个连续的、不断建构的过程，多种研究方法的综合使用有助于从多层次、多维度揭示文化适应的内容和特点。

第二节　跨文化传播学中文化适应研究的缺陷及研究前景

文化适应研究在全球化背景下遇到了前所未有的挑战。当今跨文化传播学研究者们从个体层面、人际层面、群体间层面、社会文化层面所建构的理论图式是对文化适应不同面向的研究，它们是解释和分析文化适应现象的逻辑工具。这些理论从微观的心理层面的人内传播研究逐步延伸到更广阔的社会机制的研究之中。

个人层面的文化适应研究揭示了个体在这一过程中的心理变化及其影响因素。研究者们试图追寻普遍的文化适应过程及其认知、行为的相似性以解决文化适应个体的心理和社会适应问题，但在对普遍性的求答中，他们并没有找到令人信服的答案。这些研究存在的根本问题是只考察了个体的心理变化，而忽略了考察文化适应者的文化心理变化。对文化心理考察的缺失，使得这一层面的文化适应中缺乏"文化"的含量。文化心理是已潜入个体的"意念状态"（intentional states），它在跨文化的具体的社会实践中通过语言在不断地协商和变化着，应该得到足够的关注。

个体层面研究者认为，融合的态度对于心理适应和社会文化适应状况而言是最佳的策略。在人际和群体间层面，学者们继续探求了"融合在社会交往层面如何实现的问题"，学者们试图通过研究跨文化交流者在人际和群体间的传播关系和有效的传播为文化适应问题找到解决方案。但是他们把这一层面的问题和冲突转化为自我调适管理，人际间的传播沟通技巧等实用性层面，只执着于与东道国文化社会融入度的提高和社会距离的拉近，在文化适应中迷失了自我和他者间的平衡点。这一层面的传播网络研究关注到网络的社会支持属性，却忽略了网络的社会资源与权力属性。

文化适应状态与社会文化语境紧密相连，大部分跨文化传播学者把文化表征作为变量纳入到文化适应研究的文化考量之中，以此来预测跨文化交流者的行为。通过提供简单的、标准化的方法看似为研究者提供了方便，但实际上忽略了文化的复杂性和深层因素，其结果是考察了一些表象，却忽略了深层的意义生成和具体的语境。他们的研究有着明显的局限性和不确定性。在当今全球化语境中，文化的边界已变得模糊，文化变得越来越混杂，那些作为文化表征的考察项在很多情形中不能清晰地显现文化的特性。

以上三个层面显露的问题使得跨文化传播学界的文化适应研究长期缺乏一致性的意见，也造成这一尴尬的局面：经过几十年的研究和上百年的探索，文化适应研究虽然有明显的进展，但没有得出让人信服的结论。它揭示出跨文化传播学中文

文化适应研究的进路

化适应研究本身所存在的缺陷。第一，认识论上存在问题。一些学者认为文化适应有着普遍性的规律或规则，可以通过假设和演绎的方式找到答案，预测结果，实际上这种以寻求超越文化影响的普遍性真理为目的的文化适应研究存在危险。比如多元文化主义假设虽然在很多实证研究中证明是最佳的政策，但是它的普适性仍遭到一些质疑。即便是许多从特定人群的研究中提出的理论假设和西方量表也不能被其他学者不分时间、不分场合、不分人群地推广使用。

第二，方法论上存在缺陷。文化适应研究中的心理学者和很大一部分传播学者都追寻了自然主义范式，通过标准化的量表或一系列假设的公理和定理来进行测量、推断和统计分析，没有把文化适应当作一个过程在研究。在有影响力的美国传播学期刊中，量化研究的比例高达90%以上，而质性研究则很少。其实，这些量表设计本身存在局限性和一定的测量问题，而且它们只是对文化适应过程某一时间、某个人群所做的横截面式的静态研究，很难揭示文化适应的复杂性和全貌。在这一方法论中，语言作为一种积极的、建构性的、意义产生的方式，在文化适应中的作用被忽视。语言实际上处于整个文化适应过程的核心位置，它可以揭示文化适应者在如何理解生活。文化适应者正是通过语言对自我和他者进行特定的理解。人们在与他者的互动中通过语言进行积极的意义的协商和再生产。

第三，缺乏真正意义上的文化研究。纵观以上三个章节中文化适应的研究内容，不难发现：这些文化适应研究中"文化"的含量稀薄。学者们注意到文化适应者认知、态度、行为等心理层面的变化，他们在传播关系上的变化，或文化表征上的变化（如语言的使用、食物、衣着、某些概念化的价值观等等），但是这些研究并没有体现文化适应真正的内涵，也没有把"人"、"传播"和"文化"真正结合起来进行研究。文化适应研究实则考察"文化中人"与他文化接触时所发生的变化，这些变化在亚文化群体与主流文化群体的协商和互动之中，在特定的社会实践和语境中体现出来。

第四，在研究对象的选择上存在局限性。跨文化传播学者主要针对跨国流动的移居者，局限于只考察一些"精英"对象，而忽略了非西方世界的土著和种族文化群体以及城市化进程中在国内流动迁徙的亚文化群体。在当今全球化语境中，在发达国家和正在崛起的发展中国家，那些中上层知识精英、社会精英、富豪和跨国商务技术人士，他们的生活和消费方式基本上差不多，可以在世界范围内自由流动，他们在文化适应过程中可以应对的资源较丰富，更容易适应由他们自身持续参与建构的全球文化空间。在全球化背景下，世界各地的地方精英都有了"国际化"的机会，世界经济在某种意义上成为跨国精英集团对草根阶层的合作剥削。① 但是，文化适应研究者不应只为他们效力和服务。在未来的研究中，我们应把目光更多地投放在现代化、城市化、全球化过程中可能进一步被边缘化的弱势群体，他们应该受到更多学者的关注。

国外学界主要关注移居群体的文化适应问题，因为西方国家很多是移民流入国，这些移居者成为许多社会、经济、政治问题的酵母剂。而中国是个多民族的国家，而且正处于大规模

---

① 关凯：《族群政治》，中央民族大学出版社，2007，第192页。

文化适应研究的进路

的城市化和现代化进程之中，不同民族间相互交往所产生的同化、融合和分离，少数民族或弱势文化群体的文化适应和文化冲突问题日益凸显，流动的农民工在城市化过程中的情感、行为、认知及身份认同上所发生的变化等，这些都应该纳入文化适应研究者的视野。很遗憾的是，只有一些社会学者和人类学研究者关注到他们，而国内跨文化传播学者只是对跨境的文化移入者（跨国的商务人士、留学生等）进行了跟进研究。

文化适应研究存在的以上缺陷并不意味着跨文化传播领域相关研究前景黯淡，相反，任何改善或避免了这些缺陷的范式都可以从中获益，并引导文化适应研究走向更光明、更繁荣的未来。当我们把目光投向文化研究者、社会学者、人类学者和语言学研究者，我们可以从他们这些平行道路上所进行的研究中获得灵感和借鉴。虽然我们知道那种面面俱到、宣称能够解释文化适应每个层面问题的理论实际上并不存在，但是对不同层面理论和实证研究的反思对学科的发展非常有必要。这种宏观视野对微观层面和中层理论的研究也颇有裨益，因为它有助于研究者在历史和学科发展中找到恰当的定位。

就研究方法而言，文化适应研究将会从主导性的量化转到多种方法结合，动、静态状况都得到关照的研究范式上来。在具体的研究层面，针对不同的文化适应群体，其问题导向和侧重面不尽相同，应该选择合适的方法进行研究。实证量化研究可以考察静态的文化适应的状况，但是调查问卷不能盲目地借用西方量表，而需要首先开展民族志方法（访谈和参与性观察等方式）了解不同文化群体的诉求和现实问题，确定两个接触群体的关切点，让真实的问题浮现出来，以问题为导向然后再进行有效的测量。当我们考察文化适应者的人际互动关系时，传播网络理论和方法就非常适用。方法总是针对一定问题的方法，理论总是针对一定现象的理论。

文化适应是一个连续的、不断协商的过程，质性研究在其中必不可少。对文化适应动态的、细致的变化的考察有赖于民族志方法（ethnography）、叙事分析（narrative analysis）、数码故事、深度访谈（in-depth interview）、焦点小组讨论（focus group）、参与性行为研究（participatory action research）等方式。这些研究可以更细致地呈现文化适应者的生活，以及过程中产生的微妙变化和文化身份中相互冲突的声音。在一些文化多元、边界非常模糊的空间，个人种族志方法（auto-enthnography），即个体对自己日常生活体验的描述，对揭示文化身份重叠、异样、冲突、协调之处会有贡献。总之，要更加客观、真实地考察文化适应现象，很多情形中需要把解释性的、建构性的方法和实证主义的研究方法有机地结合起来，以澄清观念解决问题。

另外，会有更多的研究者把文化适应现象植入社会实践的语境之中进行考察。个体所处的特定环境（家庭情境、种族社区等）是考察文化适应现象更有活力的场域。以家庭为单位观察文化适应，考察家庭成员之间如何不同，在文化适应中有何冲突、如何互动是文化适应研究一个有趣的场域。以特定社区为单元，以个人为中心考察他们具体的社会生活实践，从实际问题入手考察他们的日常生活，以揭示文化适应者生活中真正需要的、重要的东西。这些在特定语境中的考察可能与当前文化适应实证研究相去甚远，但这些路径可以把个人、群体

文化适应研究的进路

和社会联结起来，构成我们对文化适应现象更完整的理解。在当今全球化的语境下，把文化适应研究本质化、笼统归纳的做法并不能揭示该现象的复杂性和混杂性，只有把它植入社会政治、经济、文化的具体语境之中，才能呈现细致、深入而真实的变化，并探究到不同层面的问题所在。

跨文化传播学作为一门融合人类学、社会学、心理学和传播学等的新兴学科，在文化适应研究上与其他学科展开对话非常有必要。这些学科都在以一定的解释类型和方法研究"文化中人"，它们可以相互促进和丰富。文化适应研究是一个复杂的议题，它与政治经济、社会文化紧密相连，已将其触角延伸至变化无穷的社会文化矛盾与冲突之中。它可以和人文社科的多路理论产生碰撞，需要学界共同应对。唯有广阔的视野、多样化的研究方法和丰富的知识体系，才能使跨文化传播领域的文化适应研究更有生命力。

附　录
访文化适应研究领军人物
约翰·贝利教授

约翰·贝利（John Berry）是当代跨文化传播研究最负盛名的学者之一，加拿大女王大学（Queen's University）心理学系终身荣誉教授。贝利教授是跨文化传播学界文化适应（acculturation）研究的奠基人和领军人物之一。由于他在跨文化心理与族群关系研究方面的杰出成就，他被美国、英国、法国等多国政府聘为族群关系顾问，并在 2005 年获得国际跨文化研究学会（International Academy for Intercultural Research，IAIR）终生成就奖。根据谷歌学术（Google Scholar）的数据统计，其建构的文化适应理论及模型 2012 年的引用率就高达3000 多次。

2013 年 11 月 15~17 日武汉大学新闻与传播学院举办了第七届跨文化传播国际会议，贝利先生也应邀与会。武汉大学"70 后""跨文化传播创新研究"团队成员肖珺（以下简称为肖）与李加莉（以下简称为李）带着疑问对约翰·贝利教授进行了专访。①

肖：首先，中国的学者和学生们对您的故事很感兴趣，但在网络上我们很少看到关于您个人经历的信息，是什么样的经历让您进入到跨文化心理学的研究领域？

贝利：香港中文大学的迈克尔·邦德（Michael Bond）编著了一本著作，他也是加拿大人。在那本书中，他邀请了我们这个领域中的十来位学者，写自身的学术经历，他称之为"学科自传"。例如，我们如何进入这个领域，我们的动机、目标是什么，哪些因素影响了我们的研究？这大致可以回答你提出的这个问题。而对我，或是其他学者的个人经历感兴趣的人，可以去看看那本书，那本书出版于 1997 年。里面有关于我的一章，其小标题是"巡游世界：一位学术界的漫游者"。②书中的这些学者最显著的共同点是幼年时期都有过接触他文化的经历。所以，对我们中的大部分人来说，最初对跨文化传播的研究方向并不明确，也没有刻意为之，纯属偶然，但是我们都竭力去理解、探究所处的跨文化世界。

就我个人而言，我的父母是说英语的加拿大人，而我父亲却在加拿大魁北克一个说法语的村庄里工作。所以，我们家是那里唯一说英语的少数族群。因为那里的学校是根据不同宗教

---

① 本附录是访谈全稿，其中部分节选内容见肖珺、李加莉《寻找文化适应中的普遍性法则》，《社会科学报》2014 年 5 月 22 日，第 5 版（学术探讨）。

② 参见 J. W. Berry, "Cruising the World: A Nomad in Academe", in M. H. Bond, ed., *Working at the Interface of Cultures* (London: Routledge, 1997) pp. 138 – 153。

信仰招收学生，我的家庭不信仰天主教，所以我不能去当地的学校上学，得到另一个镇上去上学。那个镇上有很多土著居民，这让我从小就意识到了跨文化的问题，这很大程度上影响了我对这个世界的理解。有的人整个的成长过程中经历的是一种文化，使用一种语言，和同样的人群交流，而我的经历则有些不同。

我高中毕业之前就开始工作了，这在加拿大是很常见的。13岁的时候我在森林里伐木，那时候的同事大多都是原住民。但之后的几年，我去船上工作，一开始我在甲板上做事，后来还到发动机房去干活，当时的同事来自世界各地。我是14岁开始在船上工作的，直到16岁我高中毕业了，我跟着一艘船，从挪威出发，去了非洲和亚洲。我去过刚果，那个时候还是比属刚果，还去过南非，莫桑比克，还有印度洋的毛里求斯。在那之后，我在加拿大的北极圈附近的一艘研究船上做工程师，在那里我遇到了更多的原住民，包括克里人和因纽特人。那艘船上的人不是研究生就是教授，我觉得他们的生活非常好。他们说，如果你想要这样的好生活，就得去上大学。我说行啊，后来我一边在家具厂工作，一边上夜校。我在夜校里完成了大多数的学习。那时我与当老师的妻子结了婚，她支持我在最后一学年去上全日制的课程。除了早期的跨文化经历，我在上大学的时候也有很多类似的经历。

之后，我向苏格兰爱丁堡大学申请去攻读研究生，这部分是因为我作为船员曾经去过苏格兰。当时我想要把文化人类学和心理学联系在一起进行研究，而爱丁堡大学的心理学系和人类学系对我的想法很感兴趣，所以接收了我。在学术上我有些

文化适应研究的进路

迟到了，所以我尽量地抓紧时间。我花了 25 个月完成了我的博士学位，这期间我还在西非的塞拉利昂和加拿大的北极圈进行了考察工作。毕业后，我移民去了澳大利亚，和那里的土著居民一起工作。三年后，由于种种原因，家庭的、政治方面的等原因，我回到了加拿大。他们认为那个时候我进行的研究主要是关于政治的，和心理学没多少关系。事实上，当时我研究的是土著居民的人权和反战问题，那时候美国正在对越南发动战争，而澳大利亚也参与其中，所以我进行了一些反战的研究。心理学系说我这个研究不是科学性的，而是政治性的，所以我觉得待不下去了，于是重新回到了加拿大，并且联系上了之前认识的那些土著居民和移民族群。这些经历形成了我的研究旨趣，同时也解释了我参与到跨文化研究之中的原因。

那本书中的相关章节还提及了我们在研究中的价值观取向。我有两个价值观，一个是快乐主义，另一个是社会行动论。快乐主义指的是愉悦感和趣味性，如果这个工作很有趣，那么我会一直做下去；但是如果它很无聊，那么我就不会去做它。社会行动论主要指这件事是否能够给现有的社会带来一些变化，如果会，那么我会考虑去做，反之亦然。所以，我从来不做我认为没意思的事情，我在现实社会中，研究真人真事和真实的关系，一直以实践性的视角来行事，目标是提高人们的生活质量。这就是我的生活背景。我在加拿大的女王大学执教了 30 年，但这一期间我不时地带着我的家人到世界的另一个地方生活，所以我的孩子们曾在不同的国家上过学。我的系里允许我提前退休，因为我的跨国的研究活动越来越重要了，教

238

书和行政的工作会让我的学术生涯不那么愉快。我从拿工资变成了拿退休金。在我退休之后的 15 年里，我做着自己想做的事情，不受任何人左右。

肖：目前您最想做的是哪一项研究？

贝利：我想完成一个跨文化关系领域的研究计划，叫作"多元社会中的跨文化关系"（Mutual Intercultural Relations in Pural Societies，MIRIPS），这项研究正在 20 多个国家进行，包括中国。我认为它有坚实的理论基础，并且很有可能取得实际的成效，并且能够促进多元社会中人与人之间的文化交流。同样，我还在写作和教书。今年早些时候，我在新西兰科林·沃德（Colleen Ward）的应用跨文化研究中心教学。去年的这个时候，我在莫斯科的俄罗斯国家研究大学的社会文化心理学系教书，接下来的三年中，每年我都会有一个月在那里工作。我还曾经在斯里兰卡工作，研究那里的人们在海啸之后的恢复情况，海啸不仅破坏了那里的环境，同时还对当地人的精神和心理造成了很大的伤害。在离开女王大学的心理学系后，我还在女王大学的国际社区康复中心工作，并从事一些项目的研究。

李：您在文化适应理论中描述了"边缘化"（Marginalization）框架，一些学者认为，跨文化传播研究者自身"边缘化"的经历是推动跨文化传播研究的动力之一，您自己是否曾经有过"边缘人"（Marginal Person）的经历？这些经历是否促成了您的文化适应研究？

贝利："边缘人"的经典定义来自社会学家帕克，他认为"边缘人"的心理状态摇摆悬浮在两种文化世界之中，但不属于任何一种。"摇摆悬浮"（being poised）是指：他们在两种

文化适应研究的进路

文化世界中体验着心理上的不确定性，不清楚自己是谁、不知道该如何生活，他们既不属于其中任何一种，也对这些文化没有归属感。"边缘人"概念是我在建构文化适应理论时参考的经典概念之一。不过，我不认为我属于边缘人，也不认为大多数跨文化传播研究者属于边缘人。我们没有那样的不确定性，而且知道自己是谁。还有些研究者会附属于一种以上的文化，我将他们定义为"整合人"（Integrated Person），他们从不止一个文化中获得知识汲养和身份认同。

除了边缘人，人类学中还有一个更新的概念——"边界人"（liminal man）。二者大致意义相同，但边缘人指的是个体不附属于任何一种文化，是一种消极的状态；而边界人则是指个体在所有文化之间游刃有余，是一种积极的状态。这样的边界人可能在我的策略框架之中。总而言之，我不认为跨文化领域的学者都有过边缘人经历，他们可能属于边界人。你首先是文化中人，然后才是跨文化中人。你必须知道你自身的文化身份，才能参与到跨文化活动中去。有时候，你不是简单的个体，你不止属于一种文化、不止拥有一个身份，这上升到了多元身份、多种文化归属的问题。

有时候，我们将多元文化身份形容为"套娃式"（nested）。我是一个个体，是说英语的加拿大人，是一个加拿大人，有时候我也属于西方世界的一员，每一种小的身份都包含在一个更大的身份中，毫无疑问，有时候它们之间会有冲突。这些不同的角色是可能会起冲突的，身份也是这样。我在加拿大的时候，如果有人问我是谁，我会告诉他我是安格鲁魁北克人；当我去欧洲的时候，我则会回答说我是加拿大人；当我来到亚洲，我会告诉大家我来自西方世界。你当时所处的地域和你来自的地方同时影响到你的身份定位。

李：您在文化适应理论中提出了四种文化适应策略：同化、分离、整合、边缘化，实际上它们基于不同的态度倾向，虽然您在措辞上把文化适应态度变为文化适应策略，恐怕这一框架还是很难预测人的行为？如何更好地理解您的文化适应策略呢？

贝利：我在不断积累知识的过程中不断地改变着我的措辞，一开始我使用的是偏好，之后我改成了态度，现在我称之为策略，"策略"一词中包含了态度、行为、动机、目标等。我在研究中发现，人们事实上知道自己想要做什么，并且也在不断地尝试。他们想要用某种方式参与到跨文化活动之中，所以当我分析他们时，我会考虑他们偏好的是什么，他们有什么样的行为，他们的动机是什么，还有他们准备做什么。他们应该是，也通常是相互联系的，但是态度和行为并非有必然的联系。这主要是因为你的态度并不一定导致你的某种行为，还有其他的限制因素会影响你的行为。的确，态度并不总是能从行为上体现出来，但我们还是要通过理解态度来理解人们的行为。

态度和行为是相互联系的，但是态度和行为并非有必然的联系。这主要是因为你的态度并不一定导致你的某种行为，还有其他的限制因素会影响你的行为。如果我喜欢你，我不会立刻拥抱或亲吻你，因为这样是不合适的，这被某种行为规范所限制，例如文化和道德准则。所以，态度并不总是能从行为上体现出来，但我们还是要通过理解态度来理解人们的行为。

李：当涉及测量方式时，中国学生一般会参考科林·沃德的"文化适应指数"以及"社会文化适应测量表"，因为她把测量表放到网站上供大家分享，我们下载起来很方便。能与我们分享您的测量方法吗？我们如何将您的理论付诸实践？您是否可以提供某种测量表供后来者借鉴？

贝利：长期以来，心理学家仅仅研究人们的心理上的幸福感，例如没有身体疾患，不焦虑，自尊心强等。科林和她在新加坡的一些同事，提出了另一种适应——社会文化适应。去年她又改进了测量表，这个成果已放在她的网站上供大家使用。心理上的适应状况是测量是否"感觉良好"，社会文化上的适应则关注"行动良好"，但是你需要就不同的语境改变测量表的具体内容，但是也有足够的相似之处能让你借鉴、使用、调整这份量表。心理和社会文化适应得出很多相似的结果，你可以用跨文化的共同的测量表来评估这两种形式的适应状况。

人们总是问我"你的测量表在哪里"？我的回答是我没有统一的测量表，因为每个文化适应的环境都是由族群接触的文化所决定的。打个比方，中国人移民到加拿大，我们会发现语言是文化适应的一个重要问题，而这对从印度移民到加拿大的人来说就不是问题，因为他们本来就会说英语。这也是为什么我说你应该先从人类学开始研究，找出文化接触的具体方面，就其重要的问题再设计出测量表的内容。我认为测量表的框架现已基本确立：这存在两个根本问题，你可以用这个框架来评估文化适应状况；而另一方面你需要用恰当的文化内容去充实它。用来考察加拿大原住民的一份量表，可能对考察来加拿大的中国移民没什么意义。尽管我的很多研究都发表了文化适应策略的测量表，但是我希望大家不要原版照抄，因为它们不一定适用于其他文化。

当然它们可以作为参考和模板。在我的研究中，我使用了三种方法评估这些适应策略。第一种是为每一种策略设计量表，这也是大家知道得最多的一种方法。第二种是测量其中两个主要的维度，然后再将它们交叉。例如，当人们在两个维度上的程度都比较高时，他们就被评估为持整合策略。第三种方法是"简述式"（vignettes），用三到四句话描述持不同文化策略的人。例如："我在克里族社区出生并在那里长大。我一直认为我是克里族的一员，说克里族的语言，有着克里族人的信仰。但是，现在我住在城市里，周围没有人和我一样，如果我需要在这里长期发展，我必须忘掉我的克里族文化，尽快转变为加拿大社会的一员。"这是同化策略的一种描述。在这种方式中，在你做了人类学考察之后，然后询问人们哪一种最接近他们真实的生活方法，哪一种最不像他们真实的生活，再把其他的两种策略排列出来。通过这种方式，你会得到一个最终的排序。同样你还可以让人们根据自己的倾向进行评估，以揭示它们与其向往的生活之间的联系。

最后的方式是聚类研究（Cluster Analysis）。在我 2006 年出版的关于青年移民的书上，你可以看到这个研究方法的使用。我用了四种文化适应策略量表，研究了这些人的朋友是谁，研究了他们本身的文化和接触的其他文化，研究了他们说的语言和他们的民族国籍。我还问了他们关于原文化中的身份定位，然后将这些数据进行了聚类分析。所以，这种统计方法把不同的变量综合了起来，呈现出了持不同策略的这一类人（即聚类），如整合、同化和分离。在跨国青年移民研究中，我得到了四个群集，有高度偏好整合的整合策略人群，有低度偏好整合的同化策略人群、边缘化策略人群和分离策略人群。但是对于边缘化倾向的这类年轻人，我们称之为"迷惘类"（diffuse）。我有一个同事，他是身份理论研究的著名学者，他认为这些人并不是边缘人，而是在文化适应过程中还没有确定自己的取向。心理学家埃里克森曾用"迷惘"这个词来形容青年人的这一发展阶段，因为他们还没有想明白自己是谁、如何生活。所以我们在这里使用"迷惘"一词代替了"边缘"这一说法。

李：文化适应心理学研究领域一直遭受批判，认为它过于实证主义。您在《国际跨文化关系杂志》上的一篇文章中也提倡双重的研究方法，这如何做到呢？怎样的研究方法才更为科学呢？您认为文化身份是通过协商获得的吗？

贝利：我总在使用质性研究和量化研究相结合的方法。我做的人类学考察就是质性的，这通常是前期工作，也是最重要的部分。然后我开始做量化研究。如果两者的结论不一致，我会选择质性研究的结果。这就是所谓的混合的或双重研究（mixed method or a dual approach）方式。我们首先进行理论研究，我们不能一开始就用经验工具来进行研究，我们需要先进行思考，提出概念。就社会建构主义的观点来说，没有绝对的社会现实，在他们眼里，现实在建构之中。你可能在《国际跨文化交往杂志》上看到过类似批判文化适应心理学研究的文章，它们基本上都是社会建构主义的视角。在之后的一期中，我写过一篇评论文章，结论是那些批判心理学者们高谈阔论，他们说得很多，却做得很少。我喜欢用双重研究方法，而不是单一的社会建构理论。十年前我在日本教书时，曾经参加过一个多元文化教育的会议，会后，主办方的一名学者写邮件给我，感谢我的参与，并且提出我的研究太实证主义了，太本质主义了。我回复说，感谢她认为我找到了社会的本质，其实我还没有。

以我自身为例，我使用了策略概念和身份概念，我用了很多的概念来构架我的测量研究，但是我一直相信真实世界的存在。有学者认为社会建构主义是对人类学的摧毁，比如说一个新生儿来到了文化社会之中，他会一步一步地习得这个文化中的重要特征，这种文化在这个孩子出生之前就已经存在了，并且影响着这个孩子的成长。然而，社会建构主义则会说是这个孩子构造了他自己的文化。当然，我承认部分协商的存在，但是占很少的比例，人们不会对既有的社会进行全盘照搬，那样的话就不会产生时代的变迁了。中国社会已经有三四千年的历史了，你可以看到文化的传承贯穿始终，基本的价值观、语言、文学、音乐等，当然，新的一代总会对这个社会做出一些改变，但是这个社会的主要部分还是会保留下来。所以，新生儿当然会在成长过程中和周边文化环境进行协商，但是大部分最终还是传统文化的样子。

社会现实是存在于人的生老病死之外的，有的观点强调协商的作用，这被称为共同构建，或社会建构。我必须承认本人难以理解这些说法，这一理论很多基于话语分析研究。我的问题是，他们分析出来的意义是言说者本人的，还是分析者自己头脑中的。这个我们永远都不知道。我认为社会和行为科学装作不存在一个社会现实的这个苗头，对于社会科学的发展是毫无裨益的。实证主义者认为，存在一个社会现实，你可以去了解它，我们可以用不同的方法和概念去了解现实。

李：自 20 世纪 70 年代您提出文化适应理论以来，很多人跟随您的理论模型进行研究，比如布尔里（Bourhis）在 1997年提出了"交互式文化适应模型"，还有纳瓦斯（Navas）在2005 年提出了"相对的文化适应扩展模型"，您怎么看待他们对您理论的补充和发展？您自己的理论研究有什么最新的进展？

贝利：布尔里是我的一位好朋友，我们讨论过这些观点。他现在承认，"交互式文化适应模型"是我提出的观点。在今年的国际跨文化研究学会（IAIR）的会议上，我们探讨理论已做的研究以及将来的方向。我们称之为"研究员日"，每年都会有这样的一个聚会，大家 15～20 人聚在一起就某个主题进行讨论。今年的主题是"文化适应"，我受邀做了两个小时的陈述。我在 1974 年时就提出了自己的理论框架，它包括了文化适应策略形成过程中更大的社会环境所起的作用。

人们总是引用我的文章，但是他们很可能没有认真读过。从 1977 年到现在，我在很多文章中都探讨了更大社会与非主导社会的互动、交流活动，并划分了八种不同的策略。然而，人们总是忽略这些观点，还认为是其他人最先提出来的互动理论。近十年来，我一有机会就会重申这一观点：文化适应是不同群体间相互的、双向的参与过程。还有一些人认为我假设只有两种文化在进行相互作用，这也是不对的。关于我的框架理论中所涉及的其他族群，指的是多元的多个族群，并不是指的单一的文化或是主导社会。纳瓦斯（Navas）的"相对的文化适应扩展模型"（Relative Acculturation Extended Model），我很赞赏，并曾为她的专著作序。

我自己的理论研究目前暂时还没有大的进展，社会建构主义者对我的理论进行了批判，但他们也没有提出其他的替代性理论。契科夫（Valery Chirkov）是他们中的一个代表，但是他也认为所有的研究都应该有其实用价值，但他们也没有研究出任何实际结果出来，只是在不停地批评和空谈。

李：近几年来，文化适应概念本身也遭到了批评，您觉得，应该重新定义这个概念吗？您的定义又是什么？

贝利：我对文化适应的定义和 1930 年雷德菲尔德等所提出的经典概念一样。如果你不喜欢这个定义，你可以自己创建一个新的术语。你不能随意改变长期以来的经典定义。文化适应即不同文化背景的个体、群体之间发生持续的、直接的文化接触，导致一方或双方原有文化方式发生变化的现象。它是文化和心理层面的改变，包括了广阔的理论和研究内容。

李：那我们能否对原有定义中某些关键词的内涵进行扩展呢？比如说"直接接触"，是否可以延伸到虚拟世界之中？因为如今我们无法忽略人们在互联网上所获得的体验及其进行的互动。您认为这些互动属于文化适应研究的范畴吗？

贝利：一位名叫弗格森（Gail Ferguson）的牙买加学者，她研究过这种"远程文化适应"（remote acculturation）的过程，它指的是族群在非直接接触他文化后，在文化和心理上所发生的变化。她描述了牙买加青年美国化的过程。他们与美国文化很少有直接接触。我认为这不需要一个新的定义来表示这种文化适应，因为，人类学中已经有了这样的概念——文化扩散（cultural diffusion）。如果你想要改变"文化适应"的定义，觉得非直接接触的变化也算在内，那你需要用另一种术语来表达。幸运的是，"文化扩散"这个术语已经存在了很久，从电报、电话、网络，或者是人与人之间的非直接接触开始。

如果你认为文化适应是文化和心理上的任何变化，那它属于研究范畴之内。但是我们已经有了一个术语，将其和非人际接触划分开来，那就是"文化扩散"的定义。我认为讨论这些术语的含义是没有多大意义的。如果大家都知道每个术语代表的是什么意义，那么我认为就不需要继续讨论了。我以前有一个土耳其的学生，她现在回到土耳其工作了，她曾经使用网络来保持自己原有的文化。她告诉我，她可以每天用 Skype 与身在土耳其一个小村庄里的母亲聊天。

所以，网络不仅是一个学习新文化的工具，同时也可以通过网络来保留原有的文化。所以，它可以用我的理论框架来分析这两种层面的倾向：保留原文化以及与他文化的交流取向。这两个月将有一本新书即将出版，叫作《流散的移民》（*Diaspora Migration*），该书描述曾移居苏联的德国人回到德国，在苏联生活了近 2000 年的希腊人回流到希腊。他们回到祖国时，都认为自己还是德国人或是希腊人，但当地人认为他们是俄国人。所以这些年轻人成为边缘化人。这种现象被称为"逆向文化适应"（return migration）的过程。这也是文化适应的一种现象，因为当他们回到自己生活的社区时，他们得弄明

白自己是谁，采用怎样的文化适应策略合适。所以有许多新的
现象出现，尤其是在留学生身上。

肖：回到跨文化传播的话题，如今全球化、信息数字化程
度越来越高，这是否会导致在将来，国与国、文化与文化之间
不再有任何的鸿沟？就像一些未来学家所描述的，我们的孩子
们将在未来成为数字化公民，他们的生活场景将是虚拟现实，
他们的民族文化观念和身份认同或许在将来会消失。基于跨文
化适应的研究视角，您怎么看待这些观点？

贝利：我不赞同这样的观点。一位法国学者说：全球化是
一个过程，而不是终点。全球化增加了人与人之间的交流，也
增加了网络的复杂性。所以，全球化是一个变化的过程，没有
人知道最终的结果会是什么。我使用我的跨文化适应策略来看
待全球化的现象。当然正如你所言，有的人会被同化，人们变
得更相似。然而，我们知道还存在反作用力——本土化，它是
全球化带来的反作用力，人们通过抗拒外来文化而变得越来越
像自己。有人可能会被边缘化，他们会觉得被世界抛弃了。有
的人可能会从多元社会获益最多，他们在东京的公司工作一段
时间，然后又去伦敦待几年，对这些地域的文化都很积极地去
应对，这就是整合策略的代表。所以，尽管很多人认为全球化
会带来唯一的产物——文化趋同和心理的同质化，并且形成一
种普遍的文化，但是，我不认同这样的观点。

每一次接触都会产生很多相同点和不同点。我们之前对国
际青年人的研究中，有人假设我们的研究结果是所有的青年人
都想要寻求同化。可是，事实上，同化仅仅排在第三，第一是
整合，第二是分离。我的孙子们总是在玩手机，或者是打电

话，他们对流行文化很感兴趣。但我认为这种接触是表层的，我相信这不会有什么深层的心理变化。我用一个很有意思的例子来证明。美国和加拿大地理位置相邻，美国人口是加拿大的十倍。美国的电视、电影、产业、杂志、书籍，全部都飞越国界，进入到加拿大社会。加拿大人去美国工作，美国人来到加拿大工作，他们之间有很多的文化接触。加拿大人变得更加美国化了吗？答案是否定的。

从 90 年代开始，迈克尔·阿丹姆斯每四年都会对一些国家的主流价值观进行调查。他的研究结果发现两种价值取向，美国所有的区域都在同一个价值空间，他们争取权力、需要安全感；而加拿大则相反，更宽容和开放。随着时间的推移，美国的样本仍在权力和安全感的价值空间，而加拿大的样本则离美国价值观越来越远。所以，这是很有趣的一个案例，为什么加拿大人没有被美国价值体系吸收？我不知道原因，但这就是没有发生。加拿大人没有变得越来越美国化，尽管历史上有大量的文化控制、经济控制、政治控制，甚至军队入侵等。加拿大人在根本上并没有越来越像美国人，即便美国一直在使用政治、经济、文化的力量、经济力去支配加拿大以及世界的其他地方，但加拿大并没有被同化。中国呢？我们也不知道，这需要你们去进行研究。

数字化公民的身份认同是一个很有趣的研究话题，但是正如全球化一样，它也是一个过程，其结果是未知的。我们需要用开放的思维来探究这些不同的传播方式对文化适应的影响，不断地更新我们的信息，而不是持有偏见，主观地假设其结果。基督教世界尝试去主导伊斯兰世界，但这让伊斯兰教的信徒更加坚定自己的信仰。这只是其中的一个案例。我在爱沙尼亚进行的研究中发现，政府越是想削弱俄罗斯族群的身份和语言，俄罗斯族群对原本的文化则更认同。在法国，政府越是限制北非族群的表达，这一群体的种族文化特征就越明显。所以，你不能假想地认为主导文化会导致其同化或边缘化，但这很值得探究。不过，我个人很少使用这些新的信息技术，除了用网络工作和联系家人。

李：您一直致力于构建文化适应心理学的普遍性原则，就目前来看，在文化适应领域有哪些因素具有普遍性？哪些因素只适用于某些国家或族群？

贝利：我正在研究的一些假设，应该会得出一些普遍性的结论。第一个普遍性法则是"多元文化主义"的假设（The Multiculturalism Hypothesis），如果你在文化上支持他者，他们则会变得更加自信，更加有安全感，然后他们就会接受你。但是如果你威胁到他，那么你会不接受你，这是一种互惠作用。我会找到普遍的理论支撑来证实这个假设，它将成为跨文化关系和文化适应中的一个普遍性法则。

第二个假设是整合主义假设（The Integration Hypothesis），我相信这也很有可能成为一个普遍性法则。当个体处在跨文化环境中时，比起拒绝其中一种或两种文化，同时接触两种社会文化能更好地适应生活。这种"双重文化参与"和"社会资本"概念之间的联系越来越紧密。我是加拿大高级研究学会的一员，我们一直致力于确立社会认同和社会互动的一些基本原则，以促进人们的健康幸福。我们探究那些可以给人类带来幸福的、广泛的、基本的、普遍的特征。2013 年的世界幸福报告就是在研究这些因素，所以我们使用经济、社会、心理学

文化适应研究的进路

等方式来探究这些促进人类幸福感的普遍原则。

肖：您刚刚提到全球化的结果是不确定的，这仅仅是一个变化的过程。那么您可否预测一下跨文化传播的终点会是什么吗？

贝利：如果你所谓的终点指的是我们的目标，那么我可以告诉你，我们努力想要实现的目标是减少跨文化传播中可能导致冲突的误会和分歧。传播失误的根源是什么？它是价值取向的产物吗？这是否可以归因于一些历史因素？科林·沃德研究中心的联合主任吉姆·刘（Jim Liu），他现在是亚洲社会心理学协会的主席，他专注于历史遗留问题对当今行为的影响。"二战"之后，亚洲人民需要花多长时间才能重新信任日本？德国人可能在恢复名誉上，比日本人做得更好。但世界各地的土著居民仍受到之前的殖民所影响，受到比以前奴隶更多的压迫。每个人都承载着历史的包袱，它是文化、社会、心理、信仰上的综合体。

李：您认为目前文化适应研究的局限在哪里？未来的研究方向是什么？您多次到访中国，您觉得有哪些重要议题需要中国学者去探究？

贝利：我在国际跨文化研究学会（IAIR）的"研究员日"（Fellows Day）上做过陈述，提及了九个可以改进的地方，包括更加复杂的模型，抛弃只有两种文化的观念等。同时，还有文化适应是一个长期发生的过程，所以我们的研究也需要长期进行，既要有横截面研究也要有纵向研究，但纵向研究成本很高。我也曾在加拿大对中国学者进行过纵向研究，打算从他们移居加拿大之前开始，研究至他们离开加拿大，他们之前的期望，之后的适应策略等方面进行持续的研究。但在我们的研究进行两个月之后，我们的研究对象由于各种原因逐渐失去了联系，所以该纵向研究只好终止了。所以说，纵向研究总会有一些难以预料的影响因素。

很多人都认为如今中国的青少年变得越来越西方化，这可能是文化扩散导致的。我认为使用策略框架来研究这一现象很重要。我有一个同事在研究加拿大和美国的双向文化适应，他发现在美国越靠近加拿大的地方，那里的人和加拿大人更相似。在中国，这样的变化是需要留意的。中国有很长的历史，你们也对未来的发展有着很好的想法，然而西方文化是否会形成干扰？在西方文化的影响、介入、扰乱之中，中国文化在多大程度上产生了变化却又没背离上下几千年的传统？同时，还有少数民族的未来和民族问题是个值得中国学者关注的。听说现在有很多少数民族从他们的自治区搬离出来流动到经济发达地区，与此同时，汉族人开始迁入那些地区，这样的情况很有研究的意义。农村和城市人口的流动，同样是一个非常重要的问题。我们在重庆的研究对象中包括从农村移居到城市的汉族人（农民工们），对他们来说，种族文化和国家文化都没有村庄文化对他们的影响大，这种村庄文化我们定义为"地域身份"。很多人都有地域身份，有乡土情结，他们的身份来源于生活的村庄。然而，这种地域特征与城市身份形成了冲突和对比。以上提到的这些都是很重要的文化适应问题，希望有更多的中国学者对此感兴趣。

（感谢嫣然协助整理采访文稿）

主要参考文献

阿尔弗雷德·格罗塞:《身份认同的困境》,王鲲译,社会科学文献出版社,2010。

爱德华·霍尔:《超越文化》,何道宽译,北京大学出版社,2010。

爱德华·霍尔:《无声的语言》,何道宽译,北京大学出版社,2010。

安然等:《跨文化传播与适应研究》,中国社会科学出版社,2011。

安托万·佩库、保罗·德·古赫特奈尔:《无国界移民》,武云译,译林出版社,2011。

陈国明:《跨文化交际学》,华东师范大学出版社,2009。

迟若冰、顾力行:《跨文化研究前沿》,外语教学与研究出版社,2010。

陈慧、车宏生:《跨文化适应影响因素研究评述》,《心理科学进展》2003年第6期。

陈静静：《移民报刊与文化适应》，载郭建斌主编《文化适应与传播》，云南大学出版社，2007。

陈蓓丽、何雪松：《移民的陌生人意象》，《华东理工大学学报》（社会科学版）2012年第3期。

陈向明：《旅居者与外国人——在美中国留学生的人际交往》，教育科学出版社，2004。

陈向明：《质性研究：反思与评论》，重庆大学出版社，2008。

戴维·赫尔德、安东尼·麦克格鲁：《全球化理论——研究路径与理论论争》，王生才译，社会科学文献出版社，2009。

戴维·迈尔斯：《社会心理学》（第八版），侯玉波、乐国安、张智勇等译，人民邮电出版社，2006。

戴晓东：《跨文化交际理论》，上海外国语教育出版社，2011。

冯天瑜：《文化守望》，武汉大学出版社，2006。

关凯：《族群政治》，中央民族大学出版社，2007。

何安娜：《异质文化的适应过程中存在蜜月期吗?》，《南京社会科学》2010年第12期。

贾玉新：《跨文化交际学》，上海外语教育出版社，1997。

康拉德·沃特森：《多元文化主义》，叶兴艺译，吉林人民出版社，2005。

李美枝、李怡青：《我群与他群的分化》，《本土心理学研究》2003年第20期。

李树茁等：《农民工的社会支持网络》，社会科学文献出版社，2008。

　　林顿·C. 弗里曼：《社会网络分析发展史：一项科学社会学的研究》，张文宏等译，中国人民大学出版社，2008。

　　刘军：《整体网分析讲义》，格致出版社，2009。

　　罗伯特·墨菲：《文化与人类学引论》，王卓君译，商务印书馆，2009。

　　罗家德：《社会网分析讲义》，社会科学文献出版社，2005。

　　马戎：《2007 年西方社会学重要刊物发表论文综述》，《社会》2009 年第 2 期。

　　玛丽－弗朗索瓦·杜兰等：《全球化地图》，许铁兵译，社会科学文献出版社，2011。

　　迈克尔·赫兹菲尔德：《人类学：文化和社会领域中的理论实践》，刘珩、石毅、李昌银译，华夏出版社，2009。

　　奈仓京子：《"故乡"与"他乡"——广东归侨的多元社区、文化适应》，社会科学文献出版社，2010。

　　彭凯平、王伊兰：《跨文化沟通心理学》，北京师范大学出版集团，2009。

　　齐格蒙特·鲍曼：《流动的时代：生活于充满不确定性的年代》，谷蕾、武媛媛译，江苏人民出版社，2012。

　　齐格蒙特·鲍曼、蒂姆·梅：《社会学之思》，李康译，社会科学文献出版社，2010。

　　盖奥尔格·西美尔：《社会学——关于社会化形式的研究》，林荣远译，华夏出版社，2002。

　　拉里·A. 萨默瓦、理查德·E. 波特：《跨文化传播》，闵惠泉等译，中国人民大学出版社，2004。

单波:《跨文化传播研究的心理学路径》,《湖北大学学报》(哲学社会科学版) 2006 年第 3 期。

单波:《跨文化传播的问题与可能性》,武汉大学出版社,2010。

单波、石义彬:《跨文化传播新论》,武汉大学出版社,2005。

史兴松:《驻外商务人士跨文化适应研究》,对外经济贸易大学出版社,2010。

托马斯·许兰德·埃里克森:《小地方,大论题——社会文化人类学导论》,董薇译,商务印书馆,2008。

威尔·金卡利:《多元文化的公民身份》,马莉、张昌耀译,中央民族大学出版社,2009。

威廉·哈维兰:《文化人类学》(第十版),瞿铁鹏、张珏译,上海社会科学院出版社,2006。

吴飞:《火塘·教堂·电视——少数民族社区的社会传播网络研究》,光明日报出版社,2008。

杨宝琰、万明刚:《文化适应:理论及测量与研究方法》,《世界民族》2010 年第 4 期。

杨军红:《来华留学生跨文化适应问题研究》,上海社会科学院出版社,2005。

杨雪冬:《全球化:西方理论前沿》,社会科学文献出版社,2002。

余伟、郑刚:《跨文化心理学中的文化适应研究》,《心理科学进展》2005 年第 6 期。

约翰·汤林森:《文化帝国主义》,冯建三译,上海人民出版社，1999。

钟年、彭凯平：《文化心理学的兴起及其研究领域》，《中南民族大学学报》（人文社会科学版）2005 年第 6 期。

Adams, M. (2003). *Fire and Ice: The United States, Canada and the Myth of Converging Values.* Toronto: Penguin Canada.

Adelman, M. B. (1988). "Cross-cultural Adjustment". *International Journal of Intercultural Relations*, 12.

Adler, P. (1975). The Transnational Experience: An Alternative View of Culture Shock. *Journal of Humanistic Psychology*, 15.

Adler, P. S. (1987). Culture Shock and the Cross-cultural Learning Experience. In L. F. Luce & E. C. Smith (Eds.) *Toward Internationalism: A Reader*. Cambridge, MA: Newbury.

Allport, G. W. (1954). *The Nature of Prejudice.* New York: Macmillan.

Appadurai, A. (1996). *Modernity at Large: Cultural Dimensions of Globalization*. Minneapolis, MN: University of Minnesota Press.

Arends-Tòth, J & Van de Vijer, F. J. R. (2003. Multiculturalism and Acculturation: Views of Dutch and Turkish-Dutch. *European Journal of Social Psychology*, 33.

Arends-Tòth, J & Van de Vijver, F. J. R. (2004). Domains and Dimensions in Acculturation: Implicit Theories of Turkish-Dutch. *International Journal of Intercultural Relations*, 28.

Babiker, I., Cox, J. & Miller, P. (1980). The Measurement of Culture Distance and Its Relationship to Medical

Consultations, Symptomatology and Examination Performance of Overseas Students at Edinburgh University. *Social Psychology*, 15.

Beiser, M. (1988). Influences of Time, Ethnicity, and Attachment on Depression in Southeast Asian Refugees. *American Journal of Psychiatry*, 1.

Berry, J. W. (1976). *Human Ecology and Cognitive Style.* New York: John Wiley & Sons.

Berry, J. W. & Kalin, R. (1979). Reciprocity of Inter-ethnic Attitudes in a Multicultural Society. *International Journal of Intercultural Relations*, 3.

Berry, J. W., & Kostovcik, N. (1983). Psychological Adaptation of Malay Students in Canada. Paper from the Third Asian Regional conference of IACCP.

Berry J. W., Poortinga Y. H., Segall M. H., Dasen P. R. (1992). *Cross-cultural Psychology: Research and Applications.* New York: Cambridge University Press.

Berry, J. W. & Kalin, R. (1995). Multicultural and Ethnic Attitudes in Canada. *Canadian Journal of Behavioural Science.* 27.

Berry J. W., Poortinga Y. H., Segall M. H., Dasen P. R. (2002). *Cross-cultural Psychology: Research and Applications* (2nd Ed.). New York: Cambridge University Press.

Berry, J. W. (2003). How Shall We All Live Together? In Luik (ed.). *Multicultural Estonia.* Tallinn: Estonian Integration Foundation.

Berry, J. W., Phinney, J. S., Sam, D. L. & Vedder, P.

(eds.) (2006). *Immigrant Youth in Cultural Transition: Acculturation, Identity and Adaptation across National Contexts*. Mahwah, NJ: Lawrence Erlbaum Associates.

Berry, J. W. (2008). Globalization and Acculturation. *International Journal of Intercultural Relations*, 32.

Betina S. (2010). Reentry-A Review of the Literature. *International Journal of Intercultural Relations*, 34.

Black, J. S. & Stephens, G. K. (1989). The Influence of the Spouse on American Expatriates in Pacific Rim Assignments. *Journal of Management*, 15.

Black J. S. & Mendenhall M. (1991). The U-curve Adjustment Hypothesis Revisited: A Review and Theoretical Framework. *Journal of International Business Studies*, 22.

Bochner, S. (1982). *Culture in Contact: Studies in Cross-cultural Interaction*. New York: Pergamon Press.

Boski, P. (2008). Five Meanings of Integration in Acculturation Research. *International Journal of Intercultural Relations*, 32.

Bourhis R. , Moise, L. , Perreault, S. , & Senecal, S. (1997). Towards an Interactive Acculturation Model: A Social Psychological Approach. *International Journal of Psychology*, 32.

Brown, L. , & Holloway, I. (2008). The Initial Stage of the International Sojourn: Excitement or Culture Shock? *British Journal of Guidance and Counselling* , 36.

Cemalcilar Z. (2003). Role of Computer-mediated

Communication Technologies in International Students' Cross-cultural Transition, Proquest 博士论文全文数据库.

Chirkov, V. (2009). Ways to Improve Acculturation Psychology, *International Journal of Intercultural Relations*, 33.

Cresswell, J. (2009). Towards a Post-critical Praxis, *International Journal of Intercultural Relations*, 33.

David L. S. & Berry J. W. (2006). *The Cambridge Handbook of Acculturation Psychology*. Cambridge: Cambridge University Press.

Furham, A. & Bochner, S. (1986). *Culture Shock: Psychological Reaction to Unfamiliar Environments*. London: Routlege.

Goksen F. & Cemalcilar Z. (2010). Social Capital & Cultural Distance as Predictors of Early School Dropout, *International Journal of Intercultural Relations*, 24.

Gordon, M. M. (1964). *Assimilation in American Life*. New York: Oxford University Press.

Graves, T. (1967). Psychological Acculturation in a Tri-ethnic Community. *South-Western Journal of Anthropology*, 23.

Gudykunst, W. B. (1985). A Model of Uncertainty Reduction in Intergroup Encounters. *Journal of Language and Social Psychology*, 4.

Gudykunst W. B. (1986). *Intergroup communication*, London: Edward Arnold.

Gudykunst, W. B. (1998). Applying Anxiety/Uncertainty Management (AUM) Theory to Intercultural Adjustment Training. *International Journal of Intercultural Relations*, 22.

Gudykunst W. B. （2005）. Theories of Intercultural Communication, *China Media Research*, 1 （1）. http：//www. chinamediaresearch. net.

Gudykunst, W. B. （2005）. *Theorizing about Intercultural Communication.* Thousand Oaks：Sage Publications.

Gudykunst W. B. （2007）. *Cross-culturral and Intercultural Communication.* Shanghai：Shanghai Foreign Language Education Press.

Gudykunst W. B. & Kim Y. Y. （2007）. *Communicating with Strangers：An Approach to Intercultural Communication* （4th ed.）. Shanghai：Shanghai Foreign Language Education Press.

Gullahorn, J. T & Gullahorn J. E. （1963）. An Extension of the U-curve Hypothesis. *Journal of Social Issues*, 19.

Hammer, M. R. , Bennett, M. J. & Wiseman, R. （2003）. The Intercultural Development Inventory：A Measure of Intercultural Sensitivity. *International Journal of Intercultural Relations*, 27.

Hampden-Turner Charles & Trompenaars Fons. （1997）. *Response to Geert Hofstede, International Journal of Intercultural Relations*, 21.

Hofstede Geert. （1980）. *Culture's Consequences：International Differences in Work-Related Values.* Beverly Hills CA：Sage Publications.

Hofstede, G. （1997）. *Cultures and Organizations：Software of the Mind* （1st Ed.）. Maidenhead：McGraw-Hill Book Company.

Hofstede, G. （2010）. *Cultures and Organizations：Software of the Mind* (3rd Ed.). Maidenhead: McGraw-Hill Book Company.

Hutnik, N. (1986). Patterns of Ethnic Minority Identification and Modes of Social Adaptation. *Ethnic and Racial Studies*, 9.

Jackson, J. (2008). Globalization, Internationalization, and Short-term Stays Abroad, *International Journal of Intercultural Relations*, 32.

Kim, Y. Y. (1977). Communication Patterns of Foreign Immigrants in the Process of Acculturation. *Human Communication Research*, 4, (1).

Kim, Y. Y. (1988). *Communication and Cross-cultural Adaptation: An Integrative Theory*. Clevedon, UK: Multilingual Matters.

Kim Y. Y. (2005). Inquiry in Intercultural and Development Communication, *Journal of Communication*, 55.

Kim, Y. Y. (2001). *Becoming Intercultural: An Integrative Theory of Communication and Cross-cultural Adaptation*. Thousand Oaks: Sage Publications.

Kim, B. & Omizo, M. (2006). Behavioral Acculturation and Enculturation and Psychological Functioning among Asian American College Students. *Cultural Diversity and Ethnic Minority Psychology*, 12 (2).

Kim, Y. Y. (2008). Intercultural Personhood: Globalization and a Way of Being. *International Journal of Intercultural Relations*, 32.

Kroeber, A. L. , & Kluckhohn, C. (1952). *Culture: A Critical Review of Concepts and Definitions*. New York: Vintage Books.

Kuman J. , Eshel Y. , Shei K. （2003）. Acculturation Attitudes, Perceiced Attitudes of the Majority and Adjustment of Israel-Arab and Jewish-Ethiopian Students to an Israeli University. *Journal of Social Psychology*, 145.

Lewis, T. &Jungman, R. （1986）. *On Being Foreign: Culture Shock in Short Fiction*. Yarmouth, ME: Intercultural Press.

Lin W. Y. , Song H. & Ball-Rokeach S. （2010）. Localizing the Global: Exploring the Transnational Ties that Bind in New Immigrant Communities, *Journal of Communication*, 60.

Lysgaard, S. （1955）. Adjustment in Foreign Society: Norwegian Fullbright Grantees Visiting the United States. *International Social Science Bulletin*, 7.

Maisonneuve C. & Teste, B. （2007）. Acculturation Preferences of a Host Community. *International Journal of Intercultural Relations*, 31.

Martin, M. , & Rubin, R. B. （1995）. A New Measure of Cognitive Flexibility. *Psychological Reports*, 76.

McGee, W. J. （1898）. Piratical Acculturation, *American Anthropologist*, 11.

Melkote, S. R. & Liu, D. J. （2000）. The Role of the Internet in Forging a Pluralistic Integration. *Gazette*, 62.

Nishida, H. （1999）. A Cognitive Approach to Intercultural Communication Based on Schema Thoery, *International Journal of Intercultural Relations*, 23.

Navas, M. et al. （2005）. Relative Acculturation Extended

Model: New Contribution with Regard to the Study of Acculturation. *International Journal of Intercultural Relations*, 29.

Oberg, K. (1960). Cultural Shock and the Problem of Adjustment in New Cultural Enviroments, *Practical Anthropology*, 7.

Onwumechili, C., Nwosu, P., Jackson, R. L., & James-Hughes, J. (2003). In the Deep Valley with Mountains to Climb: Exploring Identity and Multiple Reacculturation. *International Journal of Intercultural Relations*, 27.

Paige R. M. (1993). *Education for the Intercultural Experience*. Yarmouth, ME: Intercultural Press.

Park, R. E. (1928). Human Migration and the Marginal Man. *American Journal of Sociology*, 33.

Pettigrew T. & Tropp, L. (2000). Does Intergroup Contact Reduce Prejudice: Recent Meta-analytic Findings. In S. Oskamp (Ed.). *Reducing Prejudice and Discrimination*. Mahwah: NJLawrence Erlbaum Associates, Inc.

Piontkowski, U., Florack, A., Hoelker, P. & Obdrzalek, P. (2000). Predicting Acculturation Attitudes of Dominate and Non-dominate Groups. *International Journal of Intercultural Relations*, 24.

Redfield, R., Linton, R. & Herskovits, M. J. (1936). Memorandum on the Study of Acculturation, *American Anthropologist*, 38.

Rogers, E. M. & Kincaid, D. L. (1981). *Communication Networks: Toward a New Paradigm for Research*. New York: Free

Press.

Rogers E. M. (1999). Georg Simmel's Concept of the Stranger and Intercultural Communication Research. *Communication Theory*, 9.

Rudmin, F. W. (2003). Field Notes from the Quest for the First Use of "Acculturation", *Cross-cultural Psychology Bulletin*, 37.

Rudmin F. W. (2009). Constructs Measurements and Models of Acculturation. *International Journal of Intercultural Relations*, 33.

Sam, D. L. (1998). Predicting Life Satisfaction among Adolescents from Immigrant Families in Norway. *Ethnicity and Health*, 3 (1).

Sam, D. L. & Berry, J. W. (1995). Acculturative Stress among Young Immigrants in Norway. *Scandinavian Journal of Psychology*, 36.

Sam, D. L. & Berry J. W. (2006). *The Cambridge Handbook of Acculturation Psychology*. Cambridge: Cambridge University Press.

Searle W, & Ward C. (1990). The Prediction of Psychological and Social-cultural Adjustment during Cross-cultural Transitions. *International Journal of Intercultural Relations*, 14.

Smith L. P. (1999). Intercultural Network Theory: A Cross-paradigmatic Approach to Acculturation. *International Journal of Intercultural Relations*, 23.

Snauwaert et al. (2003). When the Integration Does Not Necessarily Imply Integration. Different Conceptualizations of Acculturation Orientations Lead to Different Classification. *Journal of*

Cross-cultural Psychology, 34.

Spencer-Oatey H. & Franklin P. (2010). *Intercultural Interaction: A Multidisplinary Approach to Intercultural Communication.* Shanghai: Shanghai Foreign Language Education Press.

Sussman, N. M. (2001). Repatriation Transitions: Psychological Preparedness, Cultural Identity, and Attributions among American Managers. *International Journal of Intercultural Relations*, 25.

Ting-Toomey S. (2007). *Communication across Cultures.* Shanghai: Shanghai Foreign Language Education Press.

Teske, R. H. C. & Nelson, B. H. (1974). Acculturation and Assimilation: A Clarification. *American Ethnologist*, 1.

Tylor, E. B. (1974). *Primitive Culture: Researches into the Development of Mythology, Philosophy, Religion, Art and Custom.* New York: Gordon Press.

United Nations, *International Migration Report* 2006: *A Global Assessment.* New York: United Nations, 2009.

Ward C, & Searle W, (1991). The Impact of Value Discrepancies and Cultural Identity on Psychological and Sociocultural Adjustment of Sojourners. *International Journal of Intercultural Relations*, 15.

Ward, C. & Kennedy, A. (1992). Locus of Control, Mood Disturbance, and Social Difficulty during Cross-cultural Transitions. *International Journal of Intercultural Relations*, 16.

Ward, C. & Kennedy, A. (1993). Psychological and Sociocultural Adjustment during Cross-cultural Transitions. *Intercultural*

Journal of Psychology, 28.

Ward, C. , & Kennedy, A. （1994）. Acculturation Strategies, Psychological Adjustment, and Socio-cultural Competence during Cross-cultural Transitions. *International Journal of Intercultural Relations*, 18. ·

Ward, C. & Chang, W. C. （1997）. "Cultural Fit"：A New Perspective on Personality and Sojourner Adjustment. *International Journal of Intercultural Relations*, 21.

Ward, C. , Okura, Y. , Kennedy, A. & Kojima, T. （1998）. The U-curve on Trial：A Longitudinal Study of Sociocultural and Psychological Adjustment during Cross-cultural Transition. *International Journal of Intercultural Relations*, 22.

Ward, C. & Kennedy, A. （1999）. The Measurement of Sociocultural Adaptation. *International Journal of Intercultural Relations*, 23.

Ward, C. & Rana-Deuba, A. （1999）. Acculturation and Adaptation Revisted. *Journal of Cross-cultural Psychology*, 30.

Ward C. Rana-Deuba R （2000）. Home and Host Culture Influences on Sojourner Adjustment. *International Journal of Intercultural Relations*. 24.

Ward, C. , & Masgoret, A. M. （2006）. An Integrated Model of Attitudes toward Immigrants. *International Journal of Intercultural Relations*, 30.

Wiseman R. L. （1995）. *Intercultural Communication Theory*. Thousand Oaks：Sage.

后　　记

　　我一直非常关注跨文化传播学界的权威外文期刊《国际跨文化交往杂志》（*International Journal of Intercultural Relations*），并在 2007 年之后的数年间为《西方跨文化传播研究进展述评》翻译、整理过前期资料。我发现"文化适应"（acculturation）是当今国外跨文化传播学界论及的高频词语之一，被其中的叙述和分析方式所吸引，开始了相关资料的搜集和整理。我的研究基本上是从这个支流出发开始溯源，以探求文化适应研究的不同进路以及它们之间源和流的关系。跨文化传播学是一门新兴的交叉学科，但是交叉并不意味着支离破碎，而是打破原有的学科壁垒，汲取多学科的营养来丰富自己的方式。

　　在搜集资料的过程中，一些问题逐渐浮现出来：最早进行文化适应研究的人类学者似乎淡出了该领域，因为在关键词检索中，我发现国内外人类学杂志上相关的文章寥寥，而跨文化心理学和跨文化传播学杂志上的相关论文呈蓬勃发展之势，这些学科在同一论题的研究上为何此消彼长？它们各自都做出了怎样的理论贡献？这些问题引导我继续做进一步的探究。然而，这一研究论题的复杂性超出了我的想象。文化适应研究"文化中人"在持续、直接的跨文化接触中所产生的变化。在一定程度上，整个人文社会学科可以说都是在研究"人"。我理不出头绪，完全迷失在文化适应研究的丛林里。感谢我的导师单波教授，他总在我迷茫困惑之时指点迷津，真让人有拨云见日的感觉！本文从构思、撰写、修改到成文都得到了导师悉心的指教。如果论文中有丁点闪光点，那都是单老师从初稿的散沙中洗练出来的。没有他的耐心引导和点拨，我的论文很可能半途搁浅。单夫人张航女士慈爱、平和而有光，在我人生的低谷，他们真切地温暖到我！否则我很可能中途辍学，没有信心把论文做完。在此，我由衷地感谢导师和师母的关怀与鼓励！

非常庆幸论文终于能在读博的最后一年交付完成，能在灶台、讲台之外发现自己另一个兴趣空间。读书于我修身而已，自知修为还很不够，所以它是一辈子的事，希望自己有一天真正能从中找到心灵的感应、生活的乐趣和思维的快乐。目前离这个理想还很有距离，在读博的过程中我常常有被论文折磨的感觉，但是整个的求学过程让我受益匪浅，得到了历练和成长！我有幸聆听到多位重量级老师的教诲。在开题和预答辩之时，我的博士论文得到了多位专家的指导。感谢刘军平教授、钟年教授、夏倩芳教授和秦志希教授！他们在百忙之中对我的论文提出了宝贵的修改意见和建议。

读博期间，我结识了一些国内外学者并开始了相关研究的合作和探讨。2008 年武汉大学新闻与传播学院着手创建跨文化学者数据库，我负责整理西方文化适应研究的领军人物约翰·贝利（John Berry）教授的学术资料，开始了与贝利先生的通信联系。贝利先生通过邮件发给我许多文化适应研究的最新资料，并在国际会议期间欣然接受我们的专访，他孜孜不倦的治学态度让人感动！还有武汉大学"70 后"学者学术发展计划"跨文化传播创新研究团队"的同人们，我们彼此激发、一路同行！特别是我的学术伙伴肖珺老师，感谢她一直以来对我的启发和鼓励！

　　本书是我博士毕业论文的修改版，虽然自己尽力完善，但仍有诸多不尽如人意之处，很多材料有待进一步的挖掘、充实和丰富，本书的局限和偏颇也显而易见。笔者的学术积累和沉淀还很不够，所以会勉励自己带着遗憾继续求索。望学术界的同人们批评指正！

李加莉

2014 年 11 月

图书在版编目(CIP)数据

文化适应研究的进路/李加莉著. —北京：社会科学文献
出版社，2015.3

ISBN 978 - 7 - 5097 - 6811 - 2

I. ①文… Ⅱ. ①李… Ⅲ. ①文化传播 - 研究 Ⅳ. ①G0

中国版本图书馆 CIP 数据核字（2014）第 280050 号

文化适应研究的进路

著　　者／李加莉

出 版 人／谢寿光
项目统筹／曹义恒
责任编辑／黄金平

出　　版／社会科学文献出版社·社会政法分社（010）59367156
　　　　　地址：北京市北三环中路甲29号院华龙大厦　邮编：100029
　　　　　网址：www. ssap. com. cn
发　　行／市场营销中心（010）59367081　59367090
　　　　　读者服务中心（010）59367028
印　　装／三河市东方印刷有限公司

规　　格／开 本：889mm × 1194mm　1/32
　　　　　印 张：8.875　字 数：198 千字
版　　次／2015 年 3 月第 1 版　2015 年 3 月第 1 次印刷
书　　号／ISBN 978 - 7 - 5097 - 6811 - 2
定　　价／45.00 元

本书如有破损、缺页、装订错误，请与本社读者服务中心联系更换

▲ 版权所有 翻印必究